Agile Verträge

Fritz-Ulli Pieper ist Rechtsanwalt und Mitglied der Praxisgruppe »Technologie, Medien & Telekommunikation« bei der internationalen Wirtschaftskanzlei Taylor Wessing in Düsseldorf. Er berät nationale und internationale Mandanten in allen Belangen zum IT-, TK- und Datenschutzrecht mit besonderem Fokus auf das IT-Vertragsrecht. Er ist Absolvent des Masterstudiengangs »Medienrecht und Medienwirtschaft« der TH Köln, Redakteur und Kernteammitglied des Juraportals »Telemedicus – Recht der Informationsgesellschaft« sowie Herausgeber des Blogs nerdrecht.de und regelmäßig mit der Gestaltung komplexer Softwareverträge unter Berücksichtigung agiler Methoden befasst.

Dipl.-Inform. Stefan Roock zählt zu den Urgesteinen agiler Softwareentwicklung in Deutschland und arbeitet heute als Geschäftsführer und Management-Consultant bei der it-agile GmbH, die er 2005 mitgründete.

Bereits 1999 arbeitete Stefan Roock mit Extreme Programming. In der Folge machte er Erfahrungen mit den anderen agilen Ansätzen wie Scrum, Feature Driven Development und Kanban. Er hat dabei an agilen Vertragsgestaltungen aus Auftraggeber- und aus Dienstleistersicht mitgewirkt. Heute berät er Unternehmen bei agilen Veränderungsprozessen, zu denen auch immer wieder die Vertragsgestaltung gehört.

Fritz-Ulli Pieper · Stefan Roock

Agile Verträge

Vertragsgestaltung bei agiler Entwicklung für Projektverantwortliche

dpunkt.verlag

Fritz-Ulli Pieper
f.pieper@taylorwessing.com
Stefan Roock
stefan.roock@it-agile.com

Lektorat: Christa Preisendanz
Copy-Editing: Ursula Zimpfer, Herrenberg
Satz: Nadine Thiele
Herstellung: Susanne Bröckelmann
Illustrationen: Henning Wolf, Stefan Roock und Claudia Leschik
Umschlaggestaltung: Helmut Kraus, www.exclam.de
Druck und Bindung: M.P. Media-Print Informationstechnologie GmbH, 33100 Paderborn

Bibliografische Information der Deutschen Nationalbibliothek
Die Deutsche Nationalbibliothek verzeichnet diese Publikation in der Deutschen Nationalbibliografie; detaillierte bibliografische Daten sind im Internet über http://dnb.d-nb.de abrufbar.

ISBN:
Print 978-3-86490-400-4
PDF 978-3-96088-169-8
ePub 978-3-96088-170-4
mobi 978-3-96088-171-4

1. Auflage 2017

Wieblinger Weg 17
69123 Heidelberg

5 4 3 2 1 0

Vorwort

Agile Softwareentwicklung hat in den letzten 15 Jahren eine deutliche Verbreitung in der Praxis erlangt. In den Anfangsjahren wurde agil primär im eigenen Haus entwickelt. Das E-Business gehörte dann zu den ersten Branchen, die sich vollständig der agilen Entwicklung verschrieben. Die eigenen Entwicklungsteams setzen Scrum sowie Extreme Programming und inzwischen auch Kanban ein.

Durch die immer weitere Verbreitung agiler Ansätze sind diese längst auch in den Unternehmen angekommen, die ihre Software nicht selbst entwickeln, sondern von Partnern entwickeln lassen. Damit bekommt die Frage der Vertragsgestaltung eine immer größere Bedeutung. Es wird relativ schnell klar, dass ein klassischer Festpreisvertrag mit vorab festgelegtem Funktionsumfang nicht besonders gut mit agiler Entwicklung harmoniert. Vielen erscheint dann eine Entwicklung nach Aufwand (Time & Material) als einzige Alternative. Das ist allerdings keineswegs so. Es gibt viele weitere Vertragsmodelle[1]. Einige sind schlicht Varianten des Festpreises oder der Entwicklung nach Aufwand. Andere gehen völlig neue Wege.

Dieses Buch diskutiert relevante Fragen der Vertragsgestaltung aus Sicht derjenigen, die agil entwickeln wollen, und stellt eine ganze Reihe möglicher Vertragsmodelle gegenüber. Dabei werden die jeweiligen Charakteristika diskutiert, die es erleichtern sollten, das passende Modell für den eigenen Kontext zu finden. Dabei erhebt dieses Buch keineswegs den Anspruch, das Thema Vertragsgestaltung abschließend zu behandeln. Die vorgestellten Vertragsmodelle können zur Inspiration dienen. Zusammen mit einschlägig erfahrenen Juristen sollten die relevanten rechtlichen Fragen diskutiert und geeignet im Vertrag abgebildet werden.

Insbesondere gilt für die dargestellten Praxisverträge, dass diese über mehrere Iterationen in der Praxis überarbeitet wurden. Nicht in jede Überarbeitung waren Juristen involviert. Wir raten daher davon ab, diese ohne juristischen Beistand 1:1 in den eigenen Vertrag zu übernehmen.

---

1. Einige skizziert Alistair Cockburn sehr knapp auf *http://alistair.cockburn.us/Agile+Contracts*.

Zielgruppen

Das Buch richtet sich an diejenigen, die mit der Vertragsgestaltung für agile Entwicklungsprojekte befasst sind. Es verschafft den inhaltlich Verantwortlichen einen Einblick in die juristischen Hintergründe und gibt einen Überblick über die verschiedenen Möglichkeiten der Vertragsgestaltung.

Für Juristen können die Vertragsmodelle relevant sein, weil sie Aspekte adressieren, die aus Sicht der inhaltlich Verantwortlichen relevant sind.

So kann dieses Buch einen Beitrag dazu liefern, dass inhaltlich Verantwortliche und Juristen eine gemeinsame Sprache finden und Verträge formulieren, die den verschiedenen Interessen gerecht werden.

Danksagung

Dieses Buch existiert nur, weil neben den Autoren viele andere Menschen auf die eine oder andere Art mitgewirkt haben. Ohne Anspruch auf Vollständigkeit:

- Christa Preisendanz vom dpunkt.verlag hat mich (Stefan) angestachelt, dieses Buch zu schreiben. Sie hat als Lektorin den Prozess der Buchentstehung wie gewohnt professionell und liebevoll begleitet.
- Ich (Stefan) war der Meinung, dass juristischer Beistand dem Buch guttun würde. Wolfgang Wiedenroth hat mich dann mit Fritz zusammengebracht, und wir beschlossen, das Buchprojekt in Angriff zu nehmen.
- Henning Wolf hat den Kontakt zu mehreren Unternehmen hergestellt, die ihre Verträge agiler gestaltet haben. So erhielten wir zusätzliche Inspirationen und Praxisbeispiele.
- André Schnackenburg danken wir für die offene Darstellung seiner Erfahrungen aus dem Behördenumfeld.
- Für Feedback und Anregungen danken wir Andreas Broeker, Bernd Schmid, Urs Reupke und Holger Tewis.
- Außerdem danken wir den anonymen Reviewern des dpunkt.verlags für das wertvolle Feedback zu ersten Versionen dieses Buches. Namentlich bekannt sind uns Johannes Bergsmann, Ralph Miarka, Sven Röpstorff, Andreas Rüping, Jan Schnedler und Stephan Trahasch.
- Und nicht zuletzt basiert das Buch zum Großteil auf Erfahrungen, die it-agile-Kollegen in den letzten 15 Jahren mit und bei Kunden gesammelt haben.

Fritz-Ulli Pieper, Stefan Roock
Düsseldorf, Hamburg, im Februar 2017

Überblick über das Buch

Das Buch beginnt mit einer Einführung in agile Softwareentwicklung und dem dahinter stehenden Mindset (Kap. 1). Praktiker agiler Softwareentwicklung können dieses Kapitel getrost überspringen. Für Einkäufer und Juristen schafft das Kapitel die Grundlage zur Agilität, die für das Verständnis dieses Buches notwendig ist.

Kapitel 2 schafft einen Überblick zur Vertragsgestaltung für agile Softwareentwicklung. Es diskutiert das »Warum« der Verträge und klärt, welche »Warums« für agile Softwareentwicklung valide sind und welche gegen das agile Mindset verstoßen. Wir diskutieren, welche Aspekte der agilen Entwicklung wie in Verträgen abgebildet werden sollten. Auf dieser Basis wird eine Übersicht über verschiedene mögliche Vertragsformen gegeben. Dabei unterscheiden wir insbesondere klassische kostenorientierte Verträge (Time & Material, Festpreis) und nutzenorientierte Verträge (Profit-Sharing).

Danach führt Kapitel 3 in die formaljuristischen Grundlagen der Vertragsgestaltung ein. Juristen können dieses Kapitel überspringen. Insbesondere für Praktiker agiler Softwareentwicklung schafft das Kapitel hingegen die notwendige Grundlage, um die weiteren Kapitel verstehen zu können.

Für kostenorientierte Verträge spielen die Aufwände/Kosten natürlich eine wichtige Rolle. Wir diskutieren daher in Kapitel 4, wie Schätzung, Planung und Controlling bei agiler Entwicklung stattfindet. In diesem Zusammenhang spielen Möglichkeiten und Grenzen der Releaseplanung bei agiler Entwicklung eine wichtige Rolle.

Ab Kapitel 5 stellen wir die einzelnen Vertragsformen detailliert dar. Wir zeigen, was die Vertragsformen für die Praxis bedeuten und welche juristischen Aspekte zu beachten sind.

In Kapitel 5 beschäftigen wir uns mit Festpreisverträgen in den unterschiedlichen Ausprägungen, beginnend vom klassischen Festpreis bis hin zum agilen Festpreis (Money for Nothing, Change for Free).

Verträge mit Bezahlung nach Aufwand (Time & Material) sind Gegenstand von Kapitel 6. Neben dem reinen Time & Material-Vertrag sehen wir uns weitere Varianten an, z.B. die Bezahlung nach Produktivität.

Naheliegend sind Bezahlungen je Sprint. In Kapitel 7 werden solche Vertragsmodelle thematisiert, beginnend vom Festpreis je Sprint bis hin zu Modellen, in denen der Auftraggeber die Software nur bei Gefallen bezahlt.

Schließlich kommen wir in Kapitel 8 zu nutzenorientierten Verträgen, bei denen sich die Bezahlung am generierten Nutzen orientiert.

In Kapitel 9 fassen wir nochmal die Kernaussagen dieses Buches zusammen und geben einen Ausblick, wie sich das Vertragsthema rund um agile Entwicklung unserer Einschätzung nach entwickeln wird.

Bei der Darstellung von Agilität und Scrum haben wir uns besonders auf »Scrum – verstehen und erfolgreich einsetzen« von Stefan Roock und Henning Wolf gestützt und mit freundlicher Genehmigung des dpunkt.verlags Texte wiederverwendet (siehe [Roock & Wolf 2015]).

Inhaltsübersicht

Inhaltsverzeichnis

1 Einführung in agile Softwareentwicklung

Dieses Buch hat den Anspruch, generelle Aussagen über die Vertragsgestaltung für agile Entwicklung zu tätigen. Damit adressiert das Buch neben Scrum prinzipiell auch Kanban (siehe [Anderson 2010], [Burrows 2015]), Extreme Programming (siehe [Beck 2000]), Feature Driven Development (siehe [Palmer & Felsing 2002]), Crystal (siehe [Cockburn 2004]) etc.

In diesem Kapitel beschreiben wir neben den agilen Prinzipien das Scrum-Framework als den agilen Ansatz, der die größte Verbreitung erreicht hat. In den folgenden Abschnitten werden wir auch die Scrum-Nomenklatur verwenden (Sprint, Product Owner etc.). Die Übertragung auf andere agile Ansätze sollte problemlos möglich sein.

Wir diskutieren in diesem Kapitel außerdem, welche Vorteile durch agile Entwicklung erreicht werden können.

Dieses Kapitel richtet sich an Leser, die die Konzepte agiler Entwicklung und die Begrifflichkeiten von Scrum noch nicht kennen.

1.1 Das Agile Manifest

Im Jahr 1997 veröffentlichte Ken Schwaber ein Paper mit dem Titel »SCRUM Development Process« auf der OOPSLA (siehe [Schwaber 1997]). Dieser Artikel war die erste veröffentlichte Beschreibung von Scrum für die Softwareentwicklung. Im Jahre 1999 erschien ein Artikel von Mike Beedle, Martine Devos, Yonat Sharon, Ken Schwaber und Jeff Sutherland auf der PLOP-Konferenz mit dem Titel »SCRUM: A Pattern Language for Hyperproductive Software Development« (siehe [Beedle et al. 1999]).

2000 brachte Kent Beck sein Buch »Extreme Programming Explained – Embrace Change« heraus (siehe [Beck 2000]) und begleitete die Markteinführung des Buches durch eine Reihe von Konferenzvorträgen. Extreme Programming (XP) nahm Grundgedanken von Scrum auf und ergänzte sie um Programmiertechniken, wie die testgetriebene Entwicklung und das Pair Programming. XP war für die damalige Zeit radikal und polarisierte: Der Großteil der Softwareentwicklungsbranche fand XP absurd oder utopisch. Eine kleine, aber sehr leidenschaftliche Gemeinschaft von Entwicklern sah darin jedoch einen notwendigen Paradigmenwechsel. Immer mehr Teams setzten XP erfolgreich ein, und das Interesse stieg immer weiter an. In diesem Zuge erlangte auch Scrum eine größere Bekanntheit. Die Community war sehr wissbegierig und experimentierfreudig und suchte stets nach neuen Inspirationen. So wurden weitere Ansätze mit ähnlichen Denkmodellen entdeckt oder entwickelt, wie z.B. Crystal (siehe [Cockburn 2004]) und Feature Driven Development (siehe [Palmer & Felsing 2002]).

Diese Ansätze wurden zunächst unter dem Sammelbegriff »leichtgewichtig« zusammengefasst. Im Jahre 2001 trafen sich einflussreiche Vertreter dieser »leichtgewichtigen« Ansätze (inkl. Ken Schwaber und Jeff Sutherland) in Snowbird und definierten das Agile Manifest, das gemeinsame Werte und Prinzipien festlegte (siehe [Agile Manifesto 2001]). Für die Werte wählten die Autoren Gegensatzpaare:

»Wir erschließen bessere Wege, Software zu entwickeln, indem wir es selbst tun und anderen dabei helfen. Durch diese Tätigkeit haben wir diese Werte zu schätzen gelernt:

- Individuen und Interaktionen mehr als Prozesse und Werkzeuge
- Funktionierende Software mehr als umfassende Dokumentation
- Zusammenarbeit mit dem Kunden mehr als Vertragsverhandlung
- Reagieren auf Veränderung mehr als das Befolgen eines Plans

Das heißt, obwohl wir die Werte auf der rechten Seite wichtig finden, schätzen wir die Werte auf der linken Seite höher ein.«

In klassischen Kontexten generieren die Dinge auf der rechten Seite *subjektiv wahrgenommene Sicherheit*. Wer sich an die Prozesse hält und die vorgeschriebenen Tools einsetzt, wer jede seiner Tätigkeiten haarklein dokumentiert, wer alle Eventualitäten in Verträgen berücksichtigt und wer sich an den Plan hält, kann bei Problemen nachweisen, dass er nicht Schuld war. Leider generieren wir auf diese Weise in komplexen dynamischen Märkten keinen Geschäftswert. In dynamischen Märkten brauchen wir die Flexibilität, die uns die Dinge auf der linken Seite geben.

Dieser Gegensatz erklärt zum Teil, warum die Einführung agiler Verfahren in der Praxis häufig so schwierig ist. Alle Beteiligten müssen ein Stück dieser »Sicherheit durch Statik« loslassen, um auf den Kunden und den Geschäftswert fokussieren zu können.

Ergänzt werden die vier Wertaussagen durch zwölf Prinzipien, die konkretisieren, wie die Werte sich auf die tägliche Arbeit auswirken:

1. Unsere höchste Priorität ist es, den Kunden durch frühe und kontinuierliche Auslieferung wertvoller Software zufriedenzustellen.
2. Heiße Anforderungsänderungen selbst spät in der Entwicklung willkommen. Agile Prozesse nutzen Veränderungen zum Wettbewerbsvorteil des Kunden.
3. Liefere funktionierende Software regelmäßig innerhalb weniger Wochen oder Monate und bevorzuge dabei die kürzere Zeitspanne.
4. Fachexperten und Entwickler müssen während des Projekts täglich zusammenarbeiten.
5. Errichte Projekte rund um motivierte Individuen. Gib ihnen das Umfeld und die Unterstützung, die sie benötigen, und vertraue darauf, dass sie die Aufgabe erledigen.
6. Die effizienteste und effektivste Methode, Informationen an und innerhalb eines Entwicklungsteams zu übermitteln, ist im Gespräch von Angesicht zu Angesicht.
7. Funktionierende Software ist das wichtigste Fortschrittsmaß.
8. Agile Prozesse fördern nachhaltige Entwicklung. Die Auftraggeber, Entwickler und Benutzer sollten ein gleichmäßiges Tempo auf unbegrenzte Zeit halten können.
9. Ständiges Augenmerk auf technische Exzellenz und gutes Design fördert Agilität.
10. Einfachheit – die Kunst, die Menge nicht getaner Arbeit zu maximieren – ist essenziell.
11. Die besten Architekturen, Anforderungen und Entwürfe entstehen durch selbstorganisierte Teams.
12. In regelmäßigen Abständen reflektiert das Team, wie es effektiver werden kann, und passt sein Verhalten entsprechend an.

Oder in einem Satz:

Agilität bedeutet:
Autonome Teams mit Business-Fokus, die ihren Prozess in Besitz und Verantwortung nehmen.

1.2 Scrum-Ablauf

Scrum hat von den agilen Ansätzen in der Praxis die größte Verbreitung erlangt. Der generelle Ablauf von Scrum (Scrum-Flow) passt im Gegensatz zur Steuererklärung tatsächlich auf einen Bierdeckel. Den Beweis liefert Abbildung 1–1[1].

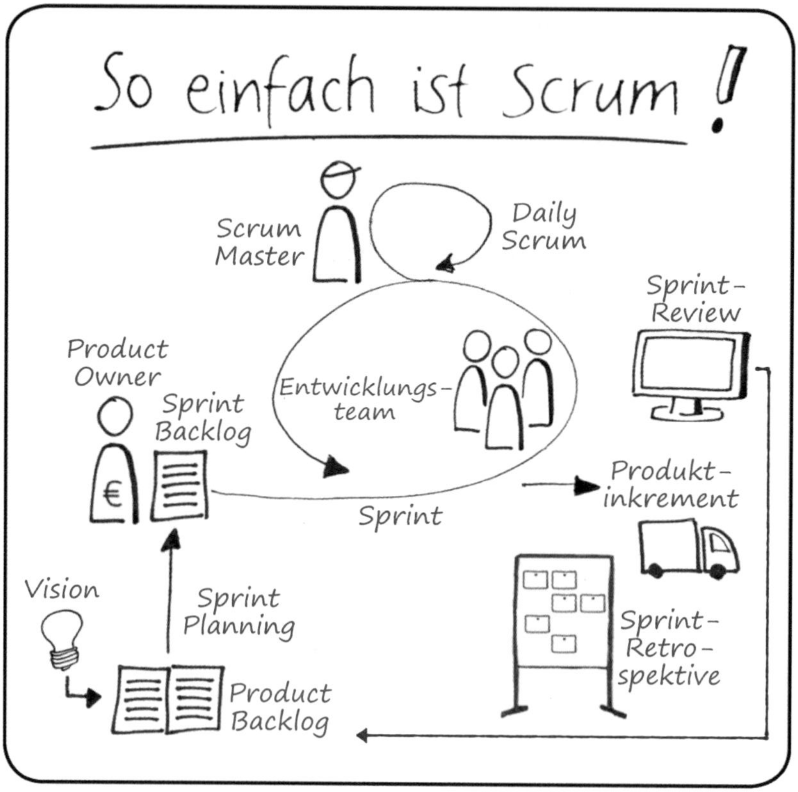

Abb. 1–1 *Der Scrum-Ablauf passt auf einen Bierdeckel.*

Am Anfang steht eine Vision davon, was für ein Produkt eigentlich entstehen (oder was an einem vorhandenen Produkt geändert) werden soll. Aus der Vision werden konkrete Eigenschaften des Produkts abgeleitet, die der *Product Owner* im *Product Backlog* organisiert und priorisiert. Die Einträge im Product Backlog werden *Product Backlog Items* genannt. Der Product Owner ist für den wirtschaftlichen Erfolg des Produkts verantwortlich. Dieser Verantwortung folgend, wird er die Product Backlog Items im Product Backlog nach Geschäftswert priorisieren und sie in eine klare Reihenfolge bringen.

Die Entwicklung erfolgt bei Scrum in Iterationen fester und immer gleicher Länge, die *Sprints* heißen. Sprints sind maximal 30 Tage lang. Das *Entwicklungs-*

1. Die offizielle Definition von Scrum findet sich im Scrum Guide (siehe [Schwaber & Sutherland 2013]). Die jeweils aktuelle Fassung ist als PDF verfügbar unter *http://scrumguides.org*.

team ist für die Umsetzung der Product Backlog Items verantwortlich. Der Product Owner ist damit für das Was und das Entwicklungsteam für das Wie der Entwicklung verantwortlich.

Zu Beginn jedes Sprints führen Product Owner und Entwicklungsteam ein *Sprint Planning* (Sprint-Planung) durch, das der Scrum Master moderiert. In der Sprint-Planung wird festgelegt, welche Product Backlog Items in das Sprint Backlog übernommen werden und damit für diesen Sprint eingeplant werden. Dies erfolgt so, dass der Product Owner die Reihenfolge der Items vorgibt und das Entwicklungsteam entscheidet, wie viele Items in den Sprint passen.

Direkt nach der Sprint-Planung beginnt die Entwicklungsarbeit im Sprint, bei der das Entwicklungsteam sich selbst organisiert, also z.B. selbst entscheidet, welcher Entwickler als Nächstes welche Aufgabe angeht. Der *Scrum Master* unterstützt das Team bei der Selbstorganisation und sorgt dafür, dass Scrum effektiv angewendet wird. Dazu gehört unter anderem, dass der Scrum Master eine störungsfreie Umgebung schafft, in der das Entwicklungsteam fokussiert arbeiten kann.

Zur Abstimmung im Entwicklungsteam findet jeden Werktag während des Sprints das *Daily Scrum* statt. Im Daily Scrum trifft sich das Entwicklungsteam im Stehen für maximal 15 Minuten, um den Fortschritt im Sprint zu begutachten und die Arbeit im Team bis zum nächsten Daily Scrum zu organisieren.

Am Ende des Sprints liefert das Entwicklungsteam ein *Produktinkrement* ab. Das Produktinkrement soll auslieferbar sein (Shippable Product Increment). Es muss nicht zwingend ausgeliefert werden, muss aber die Qualität haben, dass es ausgeliefert werden könnte. Im *Sprint-Review* präsentiert das Entwicklungsteam die neuen Produkteigenschaften, um Transparenz über den Entwicklungsfortschritt zu schaffen und Feedback zum Produkt zu erhalten. Dazu sind neben dem Product Owner die relevanten Stakeholder (Kunden, Anwender, Management etc.) anwesend. Das Feedback der Stakeholder führt zu Änderungen am Product Backlog: Neue Einträge entstehen, existierende Einträge werden neu priorisiert oder aus dem Product Backlog entfernt.

Nach dem Sprint-Review findet die *Sprint-Retrospektive* statt, in der Scrum Master, Entwicklungsteam und Product Owner daran arbeiten, die Zusammenarbeit und den Prozess kontinuierlich zu verbessern.

Direkt nach einem Sprint beginnt der nächste Sprint. Es gibt bei Scrum keine Zeiten zwischen zwei Sprints. Auf die Sprint-Retrospektive eines Sprints folgt logisch betrachtet sofort die Planung des nächsten Sprints.

1.3 Die Rollen

Scrum definiert die drei Scrum-Rollen *Product Owner*, *Entwicklungsteam* und *Scrum Master*.

1.3.1 Product Owner

Der *Product Owner* ist für den (meist wirtschaftlichen) Erfolg des Produkts verantwortlich. Er kommt dieser Verantwortung in erster Linie dadurch nach, dass er den Produktnutzen durch die Priorisierung von Produkteigenschaften optimiert.

Zu seinen Aufgaben gehört laut Scrum Guide:

- Produktwert und den Wert der Arbeit des Entwicklungsteams maximieren
- Product Backlog pflegen
- Klare Product Backlog Items formulieren
- Product Backlog Items priorisieren/sortieren
- Product Backlog sichtbar und transparent machen
- Klarstellen, woran als Nächstes gearbeitet wird
- Sicherstellen, dass das Entwicklungsteam die Product Backlog Items versteht

Der Product Owner soll eine Person sein und kein Komitee. Damit er seine Arbeit gut ausüben kann, muss er von der Organisation ermächtigt sein, Produktentscheidungen zu fällen. Nur so kann er unabhängig im Sinne des Produkts und seiner Wirtschaftlichkeit die besten Entscheidungen treffen.

1.3.2 Entwicklungsteam

Das *Entwicklungsteam* besteht aus drei bis neun Mitgliedern. Es ist cross-funktional besetzt, enthält also alle Fähigkeiten (Skills), die nötig sind, um das Sprint Backlog in ein lieferbares Produktinkrement umzuwandeln. Insofern sind meist nicht nur Entwickler Teil des Entwicklungsteams, sondern auch andere Experten wie Tester, Designer oder Mitarbeiter aus dem Betrieb.

Die Hauptverantwortung des Entwicklungsteams besteht darin, ein technisch erfolgreiches und wartbares Produkt zu erstellen. In dieser Verantwortung muss und darf das Entwicklungsteam dem Wunsch des Product Owners nach mehr Backlog Items im Sprint widersprechen, wenn dadurch die Qualität leiden würde.

Das Entwicklungsteam organisiert sich und seine Arbeit selbst. Dabei sind alle gleich, es soll keine Titel und auch keine Subteams (die Entwickler, die Tester, die Frontend-Entwickler etc.) geben. Von der Selbstorganisation verspricht man sich bessere Entscheidungen, die die Qualität des Produkts auf Dauer gewährleisten. Natürlich wird es auch in Scrum-Entwicklungsteams Spezialisten mit besonderen Skills geben. Trotzdem wird die Verantwortung gemeinsam getragen.

Bei Überlastung des Product Owners übernimmt das Entwicklungsteam auch mal Aufgaben wie das Erstellen oder Verfeinern von Product Backlog Items.

1.3.3 Scrum Master

Der *Scrum Master* sorgt für die erfolgreiche Anwendung von Scrum. Das bedeutet deutlich mehr, als nur den Zeigefinger zu erheben, wenn sich irgendwer nicht »Scrum-konform« verhält.

Konkret sieht der Scrum Guide folgende Aufgaben für den Scrum Master vor:

- Er schützt das Scrum-Team vor unnötigen Einflüssen von außen.
- Er moderiert bei Bedarf/Notwendigkeit die Meetings.
- Er hilft dem Product Owner in methodischen Fragen.
- Er coacht das Entwicklungsteam in Selbstorganisation und Cross-Funktionalität.
- Er beseitigt Hindernisse (Impediments).
- Er hilft der Organisation bei der Scrum-Einführung.
- Er hilft anderen dabei, Scrum zu verstehen.
- Er arbeitet an Organisationsveränderungen, die dem Team helfen, produktiver zu arbeiten.
- Er arbeitet mit anderen Scrum Mastern zusammen, um die Effektivität von Scrum in der Organisation zu verbessern.

Der Scrum Master ist ein »Servant Leader« für das Scrum-Team: keiner, der formale Macht hat und die Ansagen macht, sondern einer, der sich ganz in den Dienst des Teams stellt und an dem arbeitet, was dem Team am meisten hilft.

1.3.4 Scrum-Team

Der Scrum Guide kennt noch die Vereinigungsrolle *Scrum-Team* für Product Owner, Entwicklungsteam und Scrum Master. Dies macht insbesondere deutlich, dass die Scrum-Rollen nur gemeinsam ein erfolgreiches Produkt erstellen können. Insbesondere soll auch dem Eindruck entgegengewirkt werden, der Product Owner würde beim Entwicklungsteam etwas beauftragen und das Entwicklungsteam würde am Ende des Sprints »liefern wie bestellt«. Das Scrum-Team entwickelt gemeinsam und liefert gemeinsam ein wertvolles Produkt.

Scrum-Teams sollen möglichst unabhängig von anderen Teams sein. Größere Vorhaben können durchgeführt werden, indem mehrere Teams aufgesetzt werden, die sich untereinander koordinieren (siehe [Larman & Vodde 2015]).

1.3.5 Kein Projektleiter in Scrum

Es gibt in Scrum-Teams keinen Projektleiter, der das Gesamtvorhaben in Arbeitspakete zerlegt und deren Umsetzung überwacht. Eine solche Rolle würde die Selbstorganisation des Entwicklungsteams erheblich behindern.

Die Aufgaben klassischer Projektleitung verteilen sich auf die Rollen Product Owner, Scrum Master und Entwicklungsteam. Man braucht in Scrum also immer noch Projektleitungstätigkeiten, aber keine Projektleiterrolle oder -position.

1.4 Meetings

Scrum kennt vier Meetings: Sprint-Planung, Sprint-Review, Sprint-Retrospektive und Daily Scrum. Bei Bedarf kann sich ein Entwicklungsteam oder Scrum-Team natürlich auch zusätzlich im Sprint zusammensetzen und Dinge besprechen. Für das Funktionieren der Entwicklung nach Scrum sind aber keine weiteren Meetings notwendig.

1.4.1 Sprint-Planung

Das Ziel der *Sprint-Planung* ist es, für den Sprint zwei Fragen zu beantworten:

1. Was werden wir inhaltlich in diesem Sprint tun (Product Backlog Items)?
2. Wie werden wir es tun (Plan für die Umsetzung)?

Die erste Frage wird im Wesentlichen durch die feste Reihenfolge der priorisierten Backlog Items vom Product Owner vorgegeben. Allerdings entscheidet das Entwicklungsteam, wie viele Items in den Sprint gezogen werden. So verhindert das Entwicklungsteam Überlastung und kann zuverlässig in hoher Qualität lieferbare Produktinkremente entwickeln. Methodisch schätzen dazu die meisten Teams spätestens im Sprint Backlog die anstehenden Product Backlog Items. So bekommen sie ein besseres Gefühl dafür, welche Menge an Product Backlog Items für den Sprint realistisch ist. Man spricht davon, dass das Entwicklungsteam eine *Vorhersage* (Forecast) abgibt, wie viel es schaffen kann. Diese Vorhersage mag nicht immer stimmen, aber Scrum-Teams sollten anstreben, dass ihre Vorhersagen meistens zutreffen. Angestrebt ist hier eine Verlässlichkeit ähnlich der Wettervorhersage: In der Regel sollte sie stimmen. Alle Beteiligten wissen aber, dass die Wettervorhersage mit Unwägbarkeiten behaftet ist, und niemand wird den Meteorologen dafür bestrafen, wenn die Vorhersage mal nicht stimmte.

Für die Schätzung, aber auch für die spätere Erledigung der Sprint Backlog Items und damit für die Beantwortung der Frage, wie die Product Backlog Items technisch umgesetzt werden, erstellt das Entwicklungsteam in der Sprint-Planung einen Plan. Viele Teams verwenden dazu einen *Task-Breakdown* für jedes in den Sprint gezogene Product Backlog Item. Wenn dieser Task-Breakdown vom gesamten Entwicklungsteam gemeinsam vorgenommen wird, erhöht sich seine Qualität, und die Wahrscheinlichkeit steigt, dass das Entwicklungsteam nichts Wesentliches übersehen hat.

Schließlich legt das Scrum-Team noch gemeinsam für den Sprint ein Sprint-Ziel fest. Damit soll eine zusammenfassende Beschreibung der wesentlichen wertschöpfenden Erweiterungen am Produkt gegeben werden. Mit einem guten Sprint-Ziel können Product Owner und Entwicklungsteams in eine sinnvolle Diskussion einsteigen, falls während des Sprints offensichtlich wird, dass das Ziel mit den bisher geplanten Sprint Backlog Items nicht mehr erreichbar ist. Dann können Product Owner und Entwicklungsteam diskutieren, ob und wie man stattdessen das Sprint-Ziel erreichen kann.

In der Sprint-Planung kooperiert das gesamte Scrum-Team unter Moderation durch den Scrum Master. Die Sprint-Planung dauert je Woche Sprint-Länge maximal 2 Stunden, also z.B. 4 Stunden für einen Zwei-Wochen-Sprint.

1.4.2 Daily Scrum

Das Daily Scrum findet werktäglich statt – am besten immer zur gleichen Zeit am gleichen Ort. Im Daily Scrum koordiniert das Entwicklungsteam seine Arbeit bezogen auf das Sprint-Ziel.

Das Scrum-Team trifft sich für das Daily Scrum im Stehen, was den komprimierten und knappen Charakter dieses täglichen Treffens unterstreicht. Es dauert maximal 15 Minuten und beantwortet für jedes Mitglied des Entwicklungsteams die folgenden drei Fragen:

1. Was habe ich gestern gemacht, das dem Entwicklungsteam hilft, das Sprint-Ziel zu erreichen?
2. Was werde ich heute tun, das dem Entwicklungsteam hilft, das Sprint-Ziel zu erreichen?
3. Sehe ich irgendwelche Hindernisse, die das Entwicklungsteam davon abhalten könnten, das Sprint-Ziel zu erreichen?

Da es um die Koordination des Entwicklungsteams geht, muss der Product Owner nicht zwingend am Daily Scrum teilnehmen. Wir empfehlen dieses jedoch, weil er so einmal täglich im Anschluss an das Meeting Teammitgliedern als Ansprechpartner zur Verfügung steht und das Entwicklungsteam niedrigschwellig mit ihm in Kommunikation treten kann.

1.4.3 Sprint-Review

Das Sprint-Review soll das Lernen über das Produkt ermöglichen: Entwickeln wir das richtige Produkt? Hat es die richtigen Features? Ist es so benutzbar, wie es für die Anwender passt? Erfüllt das Produkt seinen Zweck? Welche Funktionen fehlen noch, damit es benutzt werden kann?

Nebenbei wollen wir auch eine inhaltliche Rückschau auf den Sprint vornehmen und schauen, welche Sprint Backlog Items erledigt wurden.

Damit diese Ziele mit dem Sprint-Review erreicht werden können, müssen Stakeholder (insbesondere Kunden und Anwender) am Sprint-Review teilnehmen. Sie geben das wertvollste Feedback zum Produkt.

Das Sprint-Review beginnt mit einer Demonstration des Produktinkrements durch das Entwicklungsteam. Dann folgt die Akzeptanz bzw. Ablehnung der entwickelten Features durch den Product Owner (wenn das nicht bereits vorher geschehen ist). Danach wird Feedback eingeholt, und der Product Owner stellt fest, ob das Sprint-Ziel erreicht wurde.

Für das Sprint-Review empfiehlt der Scrum Guide eine Länge von einer Stunde je Woche Sprint-Länge, also zwei Stunden bei einem Zwei-Wochen-Sprint.

1.4.4 Sprint-Retrospektive

In der Sprint-Retrospektive arbeitet das ganze Scrum-Team (inklusive Product Owner) daran, seine Zusammenarbeit und den Entwicklungsprozess zu verbessern.

An der Sprint-Retrospektive nimmt das gesamte Scrum-Team teil, weil eben auch und gerade die Zusammenarbeit des Product Owners und des Entwicklungsteams thematisiert werden sollte. Der Scrum Master moderiert die Sprint-Retrospektive.

Wichtig ist, dass der Scrum Master das Scrum-Team so durch die Sprint-Retrospektive führt, dass am Ende konkrete Verbesserungsmaßnahmen herauskommen, die das Scrum-Team bereits im nächsten Sprint umsetzen kann.

1.5 Der Sprint

In anderen iterativen Ansätzen heißt ein Entwicklungsabschnitt *Iteration*. In Scrum sprechen wir von *Sprints*[2]. In Scrum wird diese spezielle Namensgebung verwendet, weil es spezielle Anforderungen an Sprints gibt, die im allgemeinen Iterationskonzept nicht zwingend sind: eine maximale Länge von 30 Tagen und lieferbare Produktinkremente als Ergebnis.

Die Sprints eines Scrum-Teams haben immer die gleiche Länge. Diese liegt zwischen einer und maximal vier Wochen. Der Sprint beginnt mit der Sprint-Planung, in der festgelegt wird, welche Product Backlog Items umgesetzt werden sollen und wie dies geschehen soll. Die vereinbarten Inhalte, die das Entwicklungsteam zum Ende des Sprints in ein lieferbares Produktinkrement überführt haben will, dürfen während des Sprints nicht geändert werden: Der Sprint ist vor

2. Der Name sollte nicht assoziieren, dass man sich im Sprint total verausgabt und erst einmal eine Erholungspause braucht. Der Name soll auf die Kürze hinweisen.

Störungen von außen geschützt. So dürfen z.B. keine Teammitglieder für andere Aufgaben abgezogen werden.

Manchmal ist es allerdings nicht sinnvoll, den Sprint wie geplant zu Ende zu führen. Das ist z.B. dann der Fall, wenn das Sprint-Ziel nicht mehr erreichbar ist oder das Sprint-Ziel obsolet geworden ist. Dann kann der Sprint auch vorzeitig abgebrochen werden: Man spricht von einer Abnormal Sprint Termination.

Die Sprint-Länge wird vom Scrum-Team gemeinsam festgelegt. Es ist nicht immer einfach, die optimale Sprint-Länge zu finden. Manchmal müssen Scrum-Teams ein wenig experimentieren, um ihr Optimum zu finden. Der geeignete Ort für die Reflexion über die Sprint-Länge ist die Sprint-Retrospektive. Auf keinen Fall sollten die Längen der Sprints ständig dem zu erledigenden Umfang angepasst werden.

Für die optimale Sprint-Länge gibt es eine Reihe von Einflussfaktoren. Zu ihnen zählen:

- Der Sprint sollte lang genug sein, sodass es von Sprint-Review zu Sprint-Review ausreichend Fortschritt am Produkt zu sehen gibt.
- Der Sprint sollte kurz genug sein, sodass es dem Product Owner und ggf. dem Umfeld des Scrum-Teams gelingt, nicht während des Sprints in die Planung einzugreifen.
- Der Sprint sollte lang genug sein, sodass sich Selbstorganisation im Team entfalten kann.
- Der Sprint sollte kurz genug sein, sodass die Planungsfähigkeit des Teams nicht überschritten wird.

1.6 Artefakte

Scrum schreibt drei Artefakte vor: *Product Backlog*, *Sprint Backlog* und *Produktinkrement*.

1.6.1 Product Backlog

Das *Product Backlog* ist das zentrale Artefakt zur Produktdefinition in Scrum. Der Product Owner pflegt und priorisiert das Product Backlog mit den enthaltenen Product Backlog Items. Die Product Backlog Items beschreiben die von außen wahrnehmbaren Produkteigenschaften. Viele Scrum-Teams verwenden User Stories und Epics zur Beschreibung von Product Backlog Items. Vorgeschrieben sind diese in Scrum aber nicht.

Der Product Owner ordnet/priorisiert die Product Backlog Items so, dass der Produktnutzen optimiert wird.

1.6.2 Sprint Backlog

Das *Sprint Backlog* besteht aus hochpriorisierten Product Backlog Items, die für den Sprint ausgewählt wurden, sowie aus dem Plan für die Umsetzung.

Der Plan für die Umsetzung enthält bei den meisten Scrum-Teams kleinere technische Aktivitäten (Tasks). Im Gegensatz zu Product Backlog Items müssen einzelne Tasks für sich noch keinen erkennbaren Nutzen im Produkt ergeben. Prinzipiell ist jede andere Form von Plan aber auch möglich.

1.6.3 Lieferbares Produktinkrement

Das *lieferbare Produktinkrement* (*Shippable Product Increment*) ist das Ergebnis der Arbeit eines Scrum-Teams im Sprint. Je Sprint entsteht eine Erweiterung und/oder Änderung des bisherigen Produktinkrements, sodass sich der Nutzen und der Wert des Produkts kontinuierlich erhöhen.

Die Inkrement-Idee bezieht sich auf vertikale Schnitte durch das Produkt. Wir erstellen also in einem Sprint nicht nur technische Dinge (wie vielleicht die Datenbank), die für Anwender nicht sichtbar werden, sondern immer einen Durchstich mit einem kleinen zusätzlichen Nutzen für Anwender (siehe Abb. 1–2).

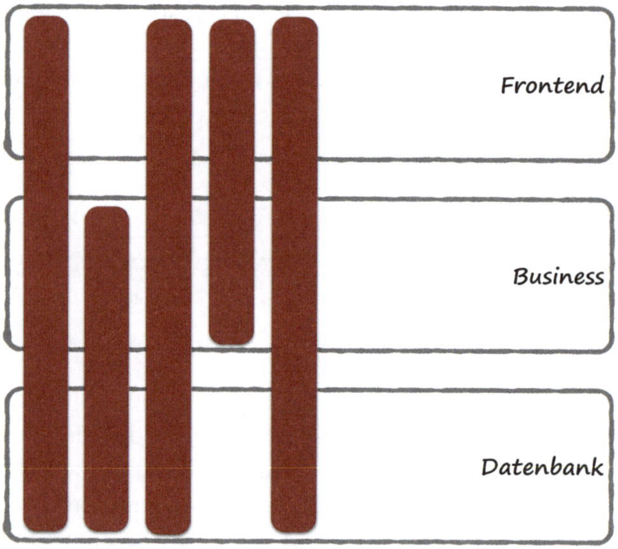

Abb. 1–2 *Produktentwicklung in vertikalen Schnitten*

Mit vertikalen Schnitten können wir früher Feedback über das Produkt erhalten. Wir können schneller feststellen, ob wir auf dem richtigen Weg sind und welche Produkteigenschaften noch fehlen. Außerdem können wir früher zu Produktversionen kommen, die tatsächlich produktiv genutzt werden.

Vertikale Schnitte bringen besondere technische Herausforderungen mit sich, die das Team meistern muss (siehe z.B. [Pichler & Roock 2011]). Automatisierte Unit Tests, testgetriebene Entwicklung, Continuous Integration, Pair Programming etc. sind geeignete Techniken, um diesen Herausforderungen gerecht zu werden.

1.7 Prinzipien

Bisher haben wir nur über die Mechanik von Scrum gesprochen: Welche Rollen gibt es? Welche Meetings? Welche Artefakte? Letztlich dient das Scrum-Management-Rahmenwerk aber vorwiegend dazu, die Scrum-Prinzipien umzusetzen.

Unserer Erfahrung nach sind die *Scrum-Prinzipien* der wichtigere Anteil an Scrum. Wenn die Scrum-Prinzipien gelebt werden, aber die Scrum-Mechanik nicht vollständig umgesetzt ist, ist das besser als der umgekehrte Fall. Wenn Anpassungen an Scrum also helfen, die Prinzipien besser umzusetzen, spricht wenig dagegen. Viel häufiger wird allerdings das Scrum-Rahmenwerk angepasst, weil man die Schmerzen scheut, die mit einer Änderung der Arbeitsweise und Hierarchien einhergehen. Leidtragende sind die Scrum-Prinzipien.

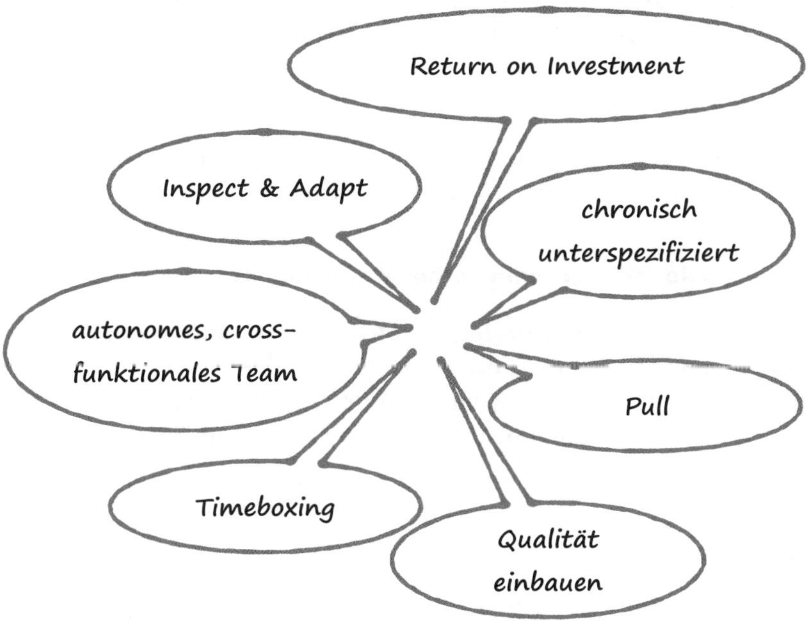

Abb. 1–3 *Scrum-Prinzipien*

Abbildung 1–3 zeigt die Scrum-Prinzipien, die wir im Folgenden genauer beschreiben.

1.7.1 Autonomes und cross-funktionales Team

Scrum-Teams sind autonom und cross-funktional. Sie sollen möglichst wenig Abhängigkeiten nach außen aufweisen, um selbstgesteuert schnell agieren zu können. Sie müssen außerdem alle Fähigkeiten besitzen, die notwendig sind, um lieferbare Produktinkremente zu entwickeln.

Cross-funktionale Teams sind eine notwendige Konsequenz aus der Parallelisierung der Projektaktivitäten wie Analyse, Design, Implementierung und Test (siehe Abb. 1–4).

Abb. 1–4 *Cross-funktionale Scrum-Teams*

Nur wenn alle Projektbeteiligten kontinuierlich eng kommunizieren, können alle Aktivitäten gleichzeitig stattfinden. Ansonsten entsteht Chaos.

1.7.2 Inspect & Adapt (auch: empirisches Management)

Das Scrum-Framework dient dazu, *Inspect & Adapt* (Inspizieren & Adaptieren) auf das Produkt und den Prozess anzuwenden.

Inspect & Adapt ist auch die Grundlage empirischen Managements, also die Grundidee, aus Erfahrungen und Beobachtungen zu lernen und daraus Vorhersagen über die Zukunft abzuleiten.

1.7.3 Timeboxing

Timeboxes sind Zeiträume fester Länge, die mit Arbeit gefüllt werden. Ist die geplante Timebox abgelaufen, halten wir auf jeden Fall inne und reflektieren (auch wenn die geplante Arbeit nicht vollständig erledigt ist).

Das Prinzip des Timeboxing findet sich in Scrum sowohl für die Meetings als auch für den Sprint wieder. Timeboxes werden hier verwendet, um einen Fokus herzustellen: Wenn uns nicht beliebig viel Zeit zur Verfügung steht, dann müssen wir sehr genau entscheiden, was wir mit dieser begrenzten Zeit tun. Insofern hilft auch die Sprint-Timebox, dass der Product Owner priorisieren muss: Was ist jetzt das Wertvollste, das wir tun können?

Eine zweite wichtige Funktion von Timeboxes ist *das Erzwingen schwieriger Entscheidungen*. Wenn der Sprint zu Ende ist, müssen wir z.B. im Sprint-Review eine Reihe schwieriger Entscheidungen fällen:

- Hat der Sprint ausreichend Wert geschaffen bezogen auf die Investition?
- Können wir mit dem Produktinkrement produktiv gehen?
- Müssen wir etwas am weiteren Plan anpassen (und können wir damit vielleicht nicht der Erwartungshaltung aller Stakeholder genügen)?
- Müssen wir die Teamzusammensetzung ändern?
- Müssen wir das Projekt abbrechen?

Mit dieser Sichtweise (Erzwingen schwieriger Entscheidungen) kann man auch einfach darüber befinden, was zu tun ist, wenn eine Meeting-Timebox (z.B. für die Sprint-Planung) abgelaufen ist. Wir sollten uns dann die schwierigen Fragen stellen:

- Genügt das, was wir erreicht haben, um weiterzumachen (also z.B., um in den Sprint zu starten)?
- Wenn nicht: Ist das bisher gewählte Vorgehen geeignet, um das Meetingziel absehbar zu erreichen?
- Wie lang müsste eine weitere Timebox sein, damit wir das Meetingziel noch erreichen können?

1.7.4 Return on Investment (ROI)

Wenn uns also die Sprints zu harten Priorisierungsentscheidungen und zum Fokussieren zwingen, dann stellt sich natürlich die Frage, wonach diese Priorisierung erfolgen sollte. Hier sieht Scrum vor, dass man sich am Return on Investment (ROI) orientiert, also den meisten Wert aus der verfügbaren Kapazität des Entwicklungsteams herausholt.

1.7.5 Qualität einbauen

Die inkrementelle Entwicklung in Scrum erfordert besonderen Fokus auf die interne und externe Softwarequalität. Die Software muss zum einen qualitativ gut genug sein, sodass die Anwender sie gut benutzen können. Zum anderen muss sie eine hohe interne Qualität aufweisen; nur so kann das Entwicklungsteam auf Dauer mit gleichbleibender Geschwindigkeit Erweiterungen und Änderungen am Produkt vornehmen.

Diese Qualitäten lassen sich nicht mit nachgelagerter Qualitätssicherung in das Produkt »reintesten«. Das Entwicklungsteam muss sich sehr früh darüber Gedanken machen, wie es die Qualität von Anfang an auf einem hohen Niveau hält. Scrum macht keine Vorgaben dazu, durch welche Techniken eine hohe Qualität geschaffen werden soll. Es steht aber eine ganze Reihe etablierter agiler Entwicklungspraktiken zur Verfügung, die häufig von Entwicklungsteams verwendet werden (siehe [Pichler & Roock 2011]).

1.7.6 Pull

Das *Pull-Prinzip* ist ein Kernprinzip aus der Lean Production und lässt sich (im Gegensatz zu einigen anderen Lean-Production-Ansätzen) sehr gut auf die Entwicklung übertragen. Das Pull-Prinzip fordert, dass Aufgaben aktiv angenommen, gepullt (also gezogen) werden, und zwar dann, wenn für die Erledigung wieder Kapazität verfügbar ist.

Im Gegensatz zum Pull-Prinzip steht das *Push-Prinzip*, das häufig in klassischer Softwareentwicklung eingesetzt wird: Ein Projektmanager plant die Arbeit für die Entwickler und weist Aufgaben mit Zeitvorgaben zu. Das Push-Prinzip funktioniert nur in sehr vorhersehbaren Situationen. In Kontexten mit hoher Varianz führt es zu Über- oder Unterlastung der Entwickler. Bei Überlastung geraten die Entwickler in Stress und reduzieren allzu häufig die Qualität, um die Zeitvorgabe einzuhalten.

Das Pull-Prinzip vermeidet Über- und Unterlastung, Warteschlangen verkürzen sich, und es entsteht ein kontinuierlicher Durchfluss (Flow) der Aufgaben durch das Team.

Softwareentwicklung hat fast immer hohe Varianz: Selbst wenn die Anforderungen sehr klar sind, bleibt Softwareentwicklung ein kreativer Prozess (man spricht auch von Wissensarbeit), und bei diesem hängt die Produktivität auch von der individuellen Tagesform der Entwickler ab.

Scrum setzt in der Sprint-Planung auf das Pull-Prinzip. Hier zieht sich das Entwicklungsteam nur so viele Aufgaben in den Sprint, wie es auch realistisch leisten kann.

Die Parallelen zur schlanken Produktion (*Lean Production*) sollten nicht missverstanden werden: Es handelt sich bei Scrum keineswegs um eine Übertragung der Lean Production auf die Softwareentwicklung. Es haben sich parallel ähnliche Strukturen entwickelt, es gibt aber auch drastische Unterschiede (so sind Varianzen in der Produktion auf jeden Fall zu vermeiden, während einige Varianzen in Scrum gewollt sind (siehe dazu auch [Reinertsen 2009]).

Einschub: Push und Pull in der Produktion

Die Konzepte von Push und Pull stammen aus der Massenproduktion. In der klassischen Produktion arbeitete man nach dem Push-Prinzip: Es wird versucht, die Auslastung der teuren Maschinen zu optimieren. Man lässt also die teuren Maschinen unter Volllast laufen. In einer perfekten Welt, in der die Maschinen gleichbleibend leistungsfähig sind und die Leistungsfähigkeiten der verschiedenen Maschinen optimal aufeinander abgestimmt sind, optimiert man mit dem Push-Ansatz tatsächlich die Produktion.

In der Praxis ist eine solche ideale Situation nicht zu beobachten. Maschinen haben Varianzen in ihrer Leistungsfähigkeit (z. B. durch geplante Wartung oder ungeplante Reparaturen), irgendwo sind Menschen beteiligt, die Produktion muss für Produktvarianten oder komplett neue Produkte umgestellt werden etc. Dann führt das Push-Prinzip zu einer Lagerhaltung: Maschine A produziert in maximaler Geschwindigkeit. Die nachgelagerte manuelle Montage kann die von Maschine A produzierten Teile nicht in derselben Geschwindigkeit verarbeiten. Also baut man ein Lager von A-Teilen auf, aus dem sich die Montage bedient.

Diese Lagerhaltung bringt eine Reihe von Problemen mit sich. Es entsteht unnötige Arbeit für Einlagerung, Verwaltung und Entnahme der Teile aus dem Lager sowie für den Transport zwischen Produktion und Lager. Außerdem werden Probleme in der Produktion verschleiert: Wenn Maschine A einen Defekt hat und minderwertige Teile produziert, entdeckt man den Fehler erst in der Montage und hat dann bereits ein Lager voll minderwertiger Teile aufgebaut.

Mit dem Pull-Prinzip werden diese Probleme vermieden. Ein Produktionsschritt holt (pullt) sich Teile vom vorgelagerten Produktionsschritt. Maschine A produziert Teile also nur, wenn die Montage welche braucht. Auch in der Pull-Produktion werden Lagerbestände aufgebaut, damit die Montage Teile direkt dann zur Verfügung hat, wenn sie benötigt werden, und nicht auf Maschine A warten muss. Im Gegensatz zu Lagern bei Push-Systemen sind diese Lagerbestände kleiner und wachsen nicht unkontrolliert.

Pull-Systeme führen also dazu, dass Lagerhaltung reduziert wird. Dadurch werden auch Aufwand und Zeit für Einlagerung, Verwaltung und Entnahme reduziert. Durch die kleineren Lagerbestände fallen außerdem Probleme in der Produktion schneller auf. Natürlich führt das Pull-Prinzip dazu, dass die Maschinen in der Regel nicht voll ausgelastet sind. Überraschenderweise führt die Produktion nach Pull-Prinzip trotzdem zu kürzeren Produktionszeiten und höherer Produktivität. Toyota hat das Pull-Prinzip für die Produktion über Jahrzehnte entwickelt und optimiert und heute wird es bei den meisten Autoherstellern verwendet.

Näheres findet sich bei [Ohno 1988].

1.7.7 Chronisch unterspezifiziert

Man kann Scrum vorwerfen, dass es unterspezifiziert sei. Es lässt viele Fragen offen (z.B. wie genau geschätzt werden soll, welche Entwicklungspraktiken im Sprint anzuwenden sind). Aber gerade darin liegt auch eine große Stärke von Scrum: Es ist sehr universell einsetzbar für die verschiedensten Arten der Softwareentwicklung, für die Entwicklung von Hardware und für viele softe Themen wie Marketing, Vertrieb, Reorganisationen in Unternehmen etc.

Scrum bietet mit seinen Rollen, Meetings und wenigen Spielregeln einen Rahmen, mit dem man nach Inspect & Adapt innovative Produkte entwickeln kann. Auch für den Prozess selbst gilt dabei Inspect & Adapt.

Zusammengefasst kann man sagen: Ein Vorteil von Scrum ist seine breite und flexible Anwendbarkeit. Die Herausforderung besteht darin, dass man es wagen muss, althergebrachte Arbeitsprozesse zu hinterfragen und ggf. zu ändern.

1.8 Vorteile agiler Entwicklung

Agile Entwicklung kann viele Vorteile mit sich bringen. Relevante Vorteile werden durch das Arbeiten in kleinen Einheiten (Batches) erzeugt: kürzere Time to Market, höhere Qualität und größere Effizienz. In Anlehnung an Don Reinertsen erklärt Abbildung 1–5 diese Vorteile (siehe [Reinertsen 2009]).

Abb. 1–5 Vorteile agiler Entwicklung

Neben den kleinen Arbeitseinheiten wirken das cross-funktionale Team und die parallelen Phasen positiv auf die folgenden Aspekte:

- Die parallelen Phasen verkürzen die Time to Market.
- Die parallelen Phasen führen dazu, dass Probleme, Missverständnisse und Fehler früher entdeckt werden. Das führt zu kürzerer Time to Market sowie höherer Qualität.
- Das cross-funktionale Team führt zu einer höheren Diversität bei der Arbeit, und die Wahrscheinlichkeit von Innovation steigt.
- Durch die Arbeit im cross-funktionalen Team in parallelen Phasen sieht jedes Teammitglied seinen Beitrag zum ganzen Produkt und findet Sinn in seiner Arbeit. Das vergrößert die Mitarbeiterzufriedenheit und Motivation.

Wir beschäftigen uns in den folgenden Abschnitten genauer mit diesen positiven Effekten.

1.8.1 Kürzere Time to Market

Die Time to Market verkürzt sich bei agiler Entwicklung aufgrund zweier Ursachen. Zunächst führt Little's Gesetz (siehe [Little 1961]) ganz mechanisch zu kürzeren Durchlaufzeiten: Die durchschnittliche *Durchlaufzeit* in der Entwicklung berechnet sich aus dem durchschnittlichen *Work in Progress* dividiert durch den durchschnittlichen *Durchsatz* (siehe Abb. 1–6).

Abb. 1–6 *Weniger Work in Progress reduziert Durchlaufzeiten*

Man kann sich das gut an einem Fahrgeschäft in einem Vergnügungspark vorstellen. Der Work in Progress ist die Menge der Menschen in der Schlange und im Fahrgeschäft. Der Durchsatz ist die Menge an Menschen, die das Fahrgeschäft in einer bestimmten Zeiteinheit absolvieren können. Nehmen wir an, in der Achterbahn können 100 Menschen mitfahren. Eine Fahrt dauert 5 Minuten. Das Ein- und Aussteigen dauert zusammen noch einmal 5 Minuten. Dann beträgt der Durchsatz 100 Menschen/10 Minuten, also durchschnittlich 10 Menschen/Minute. Steigen gerade 100 Leute in die Achterbahn ein und weitere 900 stehen in der Schlange, wartet der nächste Gast, der sich anstellt, ca. 100 Minuten. Stehen nur 100 Menschen in der Schlange, muss er nur ca. 20 Minuten warten. Vergnügungsparks machen von dieser Erkenntnis Gebrauch und zeigen mit Schildern im Wartebereich an, wie lange man noch warten muss, wenn man das Schild erreicht hat.

Der Durchsatz in der Softwareentwicklung ist die Menge an Funktionen, die ein Team in einer Zeiteinheit (z.B. Sprint) entwickeln kann. Der Durchsatz sollte sich über die kontinuierliche Verbesserung in Scrum langfristig ändern. Er wird sich aber häufig nicht sprunghaft verbessern. Im Gegensatz dazu ist der Work in Progress – also die Menge der begonnenen, aber nicht abgeschlossenen Arbeit – leicht änderbar. In Scrum erreichen wir dies durch das Sprint-Konzept. Es wird nur ein kleiner Teil der für das Produkt notwendigen Funktionen für den nächsten Sprint ausgewählt und damit der Work in Progress auf diesen Anteil beschränkt.

Eine zweite wichtige Ursache für kürzere Time to Market findet sich in Untersuchungen über die Verwendung von klassisch entwickelter Software. Verschiedene Analysen kommen übereinstimmend zu dem Schluss, dass der Großteil der Funktionen in klassisch entwickelter Software selten oder nie benutzt wird (siehe Abb. 1–7, [Johnson 2002]).

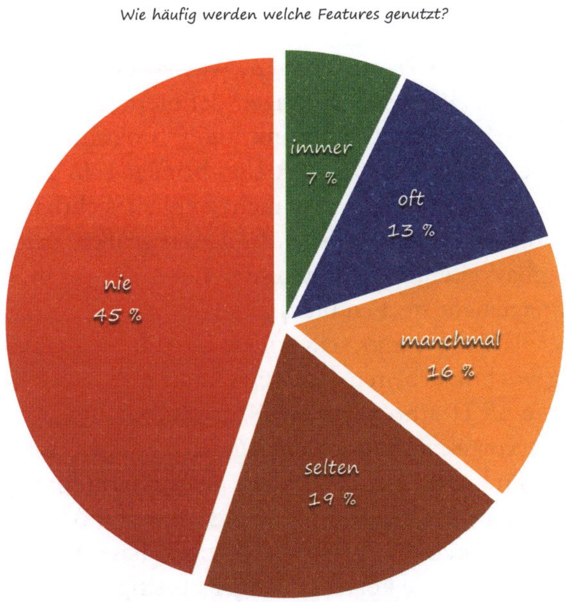

Abb. 1–7 *Der Großteil von Funktionen klassisch entwickelter Software wird selten oder nie genutzt.*

Natürlich gibt es Funktionen, die selten benutzt werden und auf die man doch nicht verzichten kann (z.B. Jahresabschluss in einer Finanzbuchhaltung). Allerdings kann man nicht den hohen Anteil (64 %) am Gesamtumfang rechtfertigen.

Wir können also häufig die Time to Market alleine dadurch deutlich reduzieren, dass wir nur die wirklich wertvollen Funktionen implementieren. Scrum stellt dies sicher, indem der Product Owner die Funktionen priorisiert.

1.8.2 Höhere Qualität

Zunächst überraschen mag die höhere Qualität, die mit Scrum einhergeht. Qualität steht kontinuierlich im Fokus der Betrachtung und wird nicht ans Projektende verschoben. Die Qualitätssicherung einer Funktionalität findet direkt nach ihrer Entwicklung statt. So werden Fehler bereits wenige Stunden oder Tage, nachdem sie produziert wurden, entdeckt. Dadurch sind sie um Größenordnungen leichter zu lokalisieren und zu beheben, als wenn man sie erst nach Wochen oder Monaten entdeckt hätte. Insgesamt erhöht sich dadurch auch das Qualitätsbewusstsein bei allen Beteiligten.

Außerdem führt Scrum zu gebrauchstauglicherer Software, weil Kunden und Anwender regelmäßig Feedback zum Produkt geben.

1.8.3 Größere Effizienz

In klassischen sequenziellen Prozessen (z.B. Wasserfall) arbeiten wir mit großen Batches. Es werden erst *alle* Anforderungen definiert, dann die Architektur des *ganzen* Systems festgelegt, dann *alle* Funktionen programmiert und schließlich *alle* Funktionen getestet. Diese großen Batches bringen sehr großen Verwaltungsaufwand mit sich, der allerdings meist nicht explizit sichtbar wird: Es müssen sehr große Zeiträume überplant werden. In diesen großen Zeiträumen kumulieren sich die Unwägbarkeiten, sodass man sehr viel Aufwand in Schätzungen, Puffer und Risikomanagement stecken muss.

In Scrum überplanen wir nur sehr kleine Zeiträume detailliert und können daher sehr leichtgewichtig arbeiten. An vieles kann man sich einfach so erinnern, für den Rest reichen oft Haftnotizen oder Karteikarten aus.

Außerdem sind Korrekturen in Scrum ungleich billiger, wenn sie sich auf vorangegangene Aktivitäten beziehen. Stellt sich im Wasserfallprojekt im Testen heraus, dass grundsätzliche Festlegungen zur Systemarchitektur ungünstig waren, entstehen erhebliche Kosten. In Scrum würde man diese Art von Problemen viel früher entdecken und kann sie kostengünstiger beseitigen.

1.8.4 Mehr Innovation

Wenn man mehrere Leute mit derselben Ausbildung und demselben Hintergrund in einen Raum steckt und sie bittet, kreativ zu sein, kommt meist nicht viel dabei heraus. Innovation entsteht aus Diversität und braucht Zusammenarbeit (siehe [Sawyer 2008]).

Das cross-funktionale Team in Scrum bietet daher gute Voraussetzungen für die Entwicklung innovativer Produkte.

1.8.5 Zufriedenere Mitarbeiter

Nach Dan Pink ist extrinsische Motivation (in Form von Belohnungen als Anreize) hochgradig schädlich für Wissensarbeit (siehe [Pink 2011]). Stattdessen benötigt man intrinsisch motivierte Mitarbeiter und man kann die Wahrscheinlichkeit für intrinsische Motivation erhöhen, wenn drei Dinge gegeben sind:

- *Purpose*: Ich muss den Zweck meiner Arbeit verstehen und sinnvoll finden.
- *Mastery*: Ich muss an der Aufgabe wachsen können, darf aber nicht maßlos überfordert sein.
- *Autonomy*: Ich kann das Wie der Aufgabenerledigung weitestgehend selbst bestimmen.

Diese drei Forderungen erfüllt Scrum sehr gut. Das Team kennt die Produktvision, entwickelt Features, die direkt Kundennutzen stiften, und hat Kundenkontakt im Sprint-Review. Dadurch wird der Forderung nach Purpose Genüge getan. Autonomie ist im Entwicklungsteam bezüglich des Wie der Arbeit gegeben und der Scrum Master stellt sicher, dass diese Autonomie von außen nicht verletzt wird. Durch die selbstorganisierte Teamarbeit besteht außerdem die Chance, immer wieder Aufgaben zu finden, an denen die Teammitglieder wachsen können.

In der Konsequenz führt Scrum zu motivierteren, zufriedeneren Mitarbeitern. Natürlich gibt es vereinzelt Mitarbeiter, die mit Teamarbeit nicht gut zurechtkommen. Es werden also nicht unbedingt alle Mitarbeiter glücklich mit Scrum. Für den Großteil der Mitarbeiter sollte das aber schon der Fall sein. Ist das nicht der Fall, stimmt vermutlich irgendwas mit der Art und Weise nicht, wie Scrum praktiziert wird.

1.9 Das Kapitel in Stichpunkten

- Das Agile Manifest definiert, was agile Entwicklung ist. Dabei stehen die Menschen, die Kooperation und die laufende Software im Vordergrund.
- Agile Entwicklung bedeutet einen Kulturwandel hin zu mehr Offenheit und Vertrauen.
- Scrum ist der am weitesten verbreitete agile Ansatz.
- Scrum definiert drei Rollen, drei Artefakte und vier Meetings/Events, die durch Sprints zusammengehalten werden. Alles andere muss situationsspezifisch ausgefüllt werden.
- Der Product Owner verantwortet den Produkterfolg. Er optimiert den Produktnutzen durch Priorisierung der Produkteigenschaften (Features).
- Das autonome, cross-funktionale, selbstorganisierte Team mit drei bis neun Mitgliedern steht im Zentrum von Scrum.
- Der Scrum Master stellt sicher, dass Scrum effektiv angewendet wird. Er sorgt auch dafür, dass alle Beteiligten (auch außerhalb des Scrum-Teams) Scrum richtig verstehen, und coacht die Beteiligten in der effektiven Anwendung. Der Scrum Master beseitigt Hindernisse, die der Entwicklung im Weg stehen. Er fungiert als *Servant Leader* (er praktiziert also »Führen durch Dienen«).
- Product Owner, Entwicklungsteam und Scrum Master gemeinsam nennt man Scrum-Team.
- Stakeholder ist der Sammelbegriff für alle Personen, die nicht zum Scrum-Team gehören, aber trotzdem ein Interesse an dem Produkt bzw. der Entwicklung haben. Das können Kunden, Anwender, Manager, der Betriebsrat etc. sein.
- Das Product Backlog ist die Menge der Produkteigenschaften, von denen wir heute glauben, dass sie im Produkt vorhanden sein müssen. Der Product Owner sorgt für das Product Backlog und priorisiert die Einträge.
- Das Sprint Backlog enthält die hochpriorisierten Product Backlog Items, die für den Sprint selektiert wurden, sowie einen Plan zur Umsetzung dieser Einträge.

- Das Produktinkrement wird vom Entwicklungsteam erzeugt und ist das Ergebnis des Sprints. Es muss lieferbar sein (es dürfen also keine technischen Arbeiten offengeblieben sein, die die sofortige Auslieferung verhindern würden). Ob das Produktinkrement ausgeliefert wird oder nicht, entscheidet der Product Owner.
- In der Sprint-Planung werden hochpriorisierte Einträge aus dem Product Backlog selektiert, und das Entwicklungsteam erstellt einen Plan für die Umsetzung.
- Im Daily Scrum stimmt sich das Entwicklungsteam werktäglich darüber ab, wie es sich so organisieren kann, dass es bis zum nächsten Daily Scrum den optimalen Fortschritt bezogen auf das Sprint-Ziel erreicht.
- Im Sprint-Review präsentiert das Entwicklungsteam das Produktinkrement dem Product Owner und relevanten Stakeholdern, um Feedback für die weitere Entwicklung des Produkts zu erhalten.
- In der Sprint-Retrospektive reflektiert das Scrum-Team über den vergangenen Sprint und definiert Verbesserungsmaßnahmen, mit denen es im nächsten Sprint noch effektiver arbeiten kann.
- Das Scrum-Rahmenwerk soll helfen, die Scrum-Werte und -Prinzipien zu etablieren. Die Scrum-Mechanik ohne die Werte und Prinzipien ist am Ende nicht viel wert.
- Agile Entwicklung kann zu kürzerer Time to Market, höherer Produktivität, höherer Qualität, größerer Mitarbeiterzufriedenheit und zu mehr Innovation führen.

2 Verträge für agile Softwareentwicklung

Dieses Kapitel führt aus fachlicher Sicht in die Vertragsgestaltung für agile Softwareentwicklung ein. Wir beginnen mit einer Diskussion darüber, in welchen Kontexten agile Entwicklung besonders geeignet ist. Es wird beleuchtet, welchen Zweck Verträge erfüllen können, und die Position vertreten, dass sich die Vertragsform an der Art der Entwicklung orientieren muss. Verträge, die für Wasserfallprojekte geeignet sind, sind nicht automatisch sinnvoll für agile Projekte.

Das agile Wertesystem und das konkrete gewählte Vorgehen (z.B. Scrum) müssen im Vertragswerk reflektiert werden. Wir beschreiben, welche Aspekte geregelt werden sollten.

Wir kategorisieren dann verschiedene Vertragsformen nach ihrer Flexibilität und danach, ob sie die Kosten oder den Nutzen in den Vordergrund stellen. Die detaillierte Betrachtung der einzelnen Vertragsmodelle findet sich ab Kapitel 5.

2.1 Eignung agiler Ansätze

Agile Ansätze eignen sich für die Entwicklung, wenn nennenswerte Probleme zu lösen sind. Für repetitive Tätigkeiten (z.B. Produktion oder Erbringen eines standardisierten Service) sind agile Ansätze nur bedingt verwendbar und häufig zumindest ineffizient. Das verwundert auch nicht weiter, wenn man sich vergegenwärtigt, dass für das operative Erbringen einer Leistung andere Dinge wichtig sind als für die Entwicklung von Produkten oder Dienstleistungen.

Häufig wird das Stacey-Landscape-Diagramm (siehe [Stacey 1996]) verwendet, um die Anwendungsbereiche von Scrum zu veranschaulichen (Ralph Stacey hat sich inzwischen von dem Diagramm distanziert, weil es oft missverstanden wurde; trotzdem ist es unserer Erfahrung nach gut geeignet, um über die Einsatzbereiche von Scrum nachzudenken). Das Diagramm zeigt auf der x-Achse die Sicherheit der Technologie und auf der y-Achse die Klarheit der Anforderungen (siehe Abb. 2–1). Sichere Technologien sind vom Team gut verstanden und werden sicher beherrscht. Mit sehr unsicherer Technologie liegen wenige Erfahrungen vor. Die Technologie verhält sich scheinbar jeden Tag anders und Dokumentation ist nicht vorhanden oder stimmt nicht mit dem tatsächlichen Verhalten überein.

Anforderungen sind dann klar, wenn man sie vorher vollständig detailliert aufschreiben kann und sich bei Systemlieferung herausstellt, dass auch genau diese Funktionen benötigt werden. Unklare Anforderungen lassen sich entweder gar nicht detailliert aufschreiben oder es stellt sich bei Systemlieferung heraus, dass etwas anderes benötigt wird.

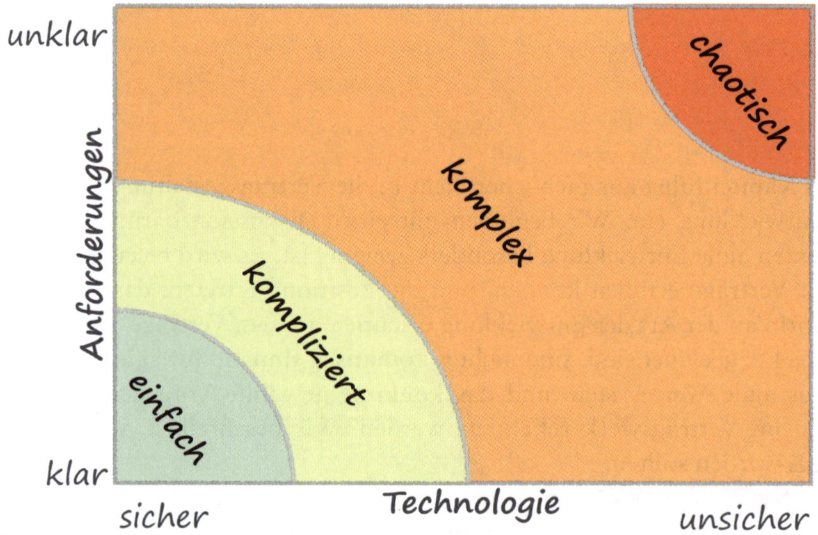

Abb. 2–1 *Stacey-Landscape-Diagramm*

In diesem Diagramm unterscheidet Stacey vier Bereiche: Ist die Technologie sehr sicher und sind die Anforderungen sehr klar, haben wir ein *einfaches* Projekt vor uns. Im Grunde muss man hier nicht viel nachdenken, man kann »einfach machen«. Best Practices finden hier ihre Anwendung. Wird die Technologie unsicherer oder die Anforderungen unklarer, wird das Projekt *kompliziert*. Man muss analysieren und planen. Bezüglich der Technologien muss man vielleicht verschiedene Optionen gegeneinander abwägen, Prototypen bauen, Wissen aufbauen oder externe Experten hinzuziehen. Bei den Anforderungen müssen in Konflikt stehende Anforderungen bereinigt werden, und man muss entscheiden, was im Projekt umgesetzt wird und was nicht. Außerdem müssen die Details von Anforderungen geklärt werden, weil sie sich nicht von selbst ergeben. Der Bau einer Brücke fällt in der Regel in den komplizierten Bereich, die Entwicklung einer Software zur internen Zeiterfassung eventuell auch. Das sequenzielle Wasserfallvorgehen (auch ingenieursmäßiges Vorgehen) ist für solche komplizierten Projekte geeignet.

Werden die Anforderungen noch unklarer oder die Technologie noch unsicherer, haben wir es mit *komplexen* Projekten zu tun. Im Gegensatz zu komplizierten Projekten ist bei komplexen Projekten der Ursache-Wirkungs-Zusammenhang immer erst hinterher sicher analysierbar (man spricht von *retrospektiver Kohärenz*). Wettervorherhersage ist ein Beispiel für ein komplexes Problem. Wir können mit viel Aufwand das Wetter 2–3 Tage in die Zukunft vorhersagen, aber nicht zwei Wochen. Wenn allerdings ein bestimmtes Wetterphänomen aufgetreten ist (z.B. ein Orkan), kann ein Meteorologe relativ einfach herausfinden, wie es dazu kam. Das Verhalten der Börse ist ein anderes Beispiel oder Fußball. In komplexen Domänen funktioniert das Wasserfallverfahren nicht, weil sein langfristiger Planungsansatz darauf basiert, Ursache-Wirkungs-Beziehungen vorherzusagen. Wir brauchen einen Ansatz wie Scrum, der nur kurzfristig plant, dann analysiert, wo man steht, und dann den nächsten Schritt plant.

Wandern wir im Diagramm noch weiter nach rechts oben, kommen wir in den chaotischen Bereich. Hier lassen sich Ursache-Wirkungs-Beziehungen auch hinterher nicht analysieren. Ein Beispiel dafür ist die Ziehung der Lottozahlen. Man kann die Ziehungen der letzten Jahrzehnte analysieren und kann doch keine Muster erkennen. Daher hilft ein Ansatz wie Scrum hier auch nicht weiter, weil es nichts zu lernen gibt. Man kann im Grunde irgendwas tun und hoffen, dass der erwünschte Erfolg eintritt. Wenn er nicht eintritt, probiert man was anderes oder das Gleiche nochmal (beim Lotto spielt es am Ende auch keine Rolle, ob man jede Woche dieselben oder immer andere Zahlen tippt). Entwicklungsprojekte in diesem Bereich sollte man logischerweise mit äußerster Vorsicht genießen. Glücklicherweise kann man häufig Projekte aus dem chaotischen Bereich herausbewegen, indem man auf Technologien setzt, die man einigermaßen beherrscht, und sich mehr Klarheit über die Anforderungen z.B. durch Lean User Research und Lean Startup (siehe [Gothelf 2012], [Ries 2011], [Maurya 2012]) verschafft.

Unabhängig von Modellen ist bei der Frage nach der Eignung die Änderungsbereitschaft relevant. Wenn das Wasserfallverfahren in einem Unternehmen gut funktioniert, gibt es keinen Leidensdruck, und der schmerzhafte Wandel hin zu agiler Entwicklung wird vermutlich nicht gelingen. Ken Schwaber bringt es auf den Punkt: »If waterfall suits current needs, continue using it« (siehe [James 2006]).

Verträge für agile Entwicklung müssen dem Kontext Rechnung tragen. Für die Entwicklung in der komplexen Domäne muss der Vertrag erlauben, dass über die Anforderungen und über die Technologie etwas gelernt wird. Er darf Funktionsumfang und technische Entscheidungen nicht fixieren, sondern allenfalls skizzieren. Außerdem muss der Vertrag Möglichkeiten vorsehen, wie Vereinbarungen bezüglich Funktionsumfang und Technologie leichtgewichtig angepasst werden können.

2.2 Zweck von Verträgen für die Softwareentwicklung

Verträge definieren rechtsgültige Vereinbarungen zwischen Auftraggeber und Anbieter. Weicht eine der Parteien von diesen Vereinbarungen ab, kann die andere Partei auf Einhaltung der Vereinbarung klagen, Zahlungen verweigern oder Schadensersatz erhalten.

Konkret versuchen die Auftraggeber häufig, diese Ziele mit Festpreisverträgen zu erreichen:

1. Auftraggeber setzen Verträge zur Risikominimierung ein. Sie setzen insbesondere Festpreisverträge ein, um das Aufwandsrisiko zu begrenzen – das Risiko, dass der Anbieter viel mehr Aufwand in die Entwicklung investiert, als er abgeschätzt hat.
2. Bei Ausschreibungen werden Festpreisverträge auch eingesetzt, um den günstigsten Anbieter zu finden.

Dazu wird der Ablauf aus Abbildung 2–2 verwendet. Der Auftraggeber analysiert seinen Bedarf und erstellt auf dieser Basis ein Lastenheft mit den Anforderungen an die zu entwickelnde Software. Der Auftragnehmer erstellt auf Basis des Lastenheftes ein Pflichtenheft, in dem beschrieben ist, wie er die Anforderungen umsetzen wird.

Abb. 2–2 *Schematischer Ablauf klassischer Beauftragungen*

Nach der Freigabe des Pflichtenheftes durch den Auftraggeber beginnt der Auftragnehmer mit der Umsetzung. Das Ergebnis wird dem Auftraggeber vorgestellt, und es erfolgt die Abnahme, wenn das Ergebnis die Anforderungen aus dem Lastenheft erfüllt.

Das **Lastenheft** (teils auch Anforderungsspezifikation, Anforderungskatalog, Produktskizze, Kundenspezifikation oder englisch Requirements Specification genannt) beschreibt die Gesamtheit der Anforderungen des Auftraggebers an die Lieferungen und Leistungen des Auftragnehmers (siehe Wikipedia: *https://de.wikipedia.org/wiki/Lastenheft*).

Das **Pflichtenheft** beschreibt in konkreter Form, wie der Auftragnehmer die Anforderungen des Auftraggebers zu lösen gedenkt – das sogenannte *Wie* und *Womit* (siehe Wikipedia: *https://de.wikipedia.org/wiki/Pflichtenheft*).

Das Vorgehen erscheint plausibel, funktioniert in der Praxis allerdings nur scheinbar. Die folgenden Probleme treten regelmäßig auf:

- Das Vorgehen folgt dem Wasserfallverfahren, das die Möglichkeiten agiler Entwicklung einschränkt.
- Die erhoffte Risikominimierung für den Auftraggeber ist eine Illusion.
- Der Preis ist nur bedingt als Auswahlkriterium in Ausschreibungen relevant.

2.2.1 Wasserfallartiges Vorgehen

Die Sequenz aus Lastenheft, Pflichtenheft und Umsetzung führt zu einem wasserfallartigen Vorgehen. Dieses geht letztlich davon aus, dass sich vorab alle relevanten Funktionen der Software ermitteln lassen. Nach dem Stacey-Landscape-Diagramm kann dieses Vorgehen in komplizierten Domänen funktionieren, aber nicht in komplexen. Denn hierbei muss man während des Projekts lernen, welche Funktionen wirklich benötigt werden. Soll wirklich agil gearbeitet werden, muss sich das Beauftragungsverfahren ändern. Es muss möglich sein, mindestens einen Teil der Entwicklung zu beauftragen, bevor alle Funktionen vollständig beschrieben sind. Manchmal müssen dafür »nur« die Beauftragungsverfahren geändert werden, manchmal konzernweite Stage-Gate-Prozesse zur Entwicklung.

2.2.2 Kaum Risikominimierung durch Festpreis

Festpreisverträge begrenzen sicherlich den Geldbetrag, den der Auftraggeber dem Anbieter schuldet. Allerdings sind sie meist nur ein unzureichender Schutz gegen Verspätungen in der Entwicklung. Mit der Annahme, dass das Projekt sinnvoll und die entwickelte Software nützlich ist, können die Verzögerungskosten bei verspäteter Lieferung die gesamten Entwicklungskosten leicht übersteigen. Außerdem schützen Festpreisverträge nicht davor, ein schlecht benutzbares System zu bekommen – die gewünschten Features lassen sich schlicht nicht so genau beschreiben, dass sich nicht auch eine vertragsgemäße und trotzdem ziemlich unnütze Software daraus ableiten ließe. Und nicht zuletzt regeln Festpreisverträge die Entwicklung, aber nicht Wartung und Betrieb. Die Kosten, die für Wartung und Betrieb anfallen, liegen häufig aber deutlich über den Entwicklungskosten (siehe [Boehm 1981], [Polo et al. 2003]).

Aus agiler Sicht ist es effektiver, eng miteinander zu kooperieren, um mit Risiken gut umgehen zu können. So kann in einem agilen Projekt mit jedem Sprint besser abgeschätzt werden, ob ein gegebenes Ziel in der vorhandenen Zeit mit dem vorhandenen Budget erreicht werden kann. Entsprechend früh kann man Gegenmaßnahmen einleiten. Im Notfall kann man das ganze Projekt abbrechen und hat zu diesem Zeitpunkt nur wenig Geld ausgegeben. Eine enge und vertrauensvolle Zusammenarbeit zwischen Auftraggeber und Dienstleister gewährleistet, dass früh Klarheit über den Projektfortschritt hergestellt wird und offen und ehrlich über die Situation gesprochen wird.

Verträge können durchaus ihren Beitrag zu einer engen Zusammenarbeit leisten. Im Vertrag können Auftraggeber und Dienstleister z.B. festlegen, dass sie sich zu einem wöchentlichen Austauschmeeting verpflichten. Ein weiterer Anreiz zur Kooperation geben Verträge, die die Interessen von Auftraggeber und Auftragnehmer in dieselbe Richtung lenken (z.B. über Profit-Sharing-Verträge).

2.2.3 Preis ist ein ungünstiges Auswahlkriterium

Mit festpreisbasierten Ausschreibungen kann leicht der Anbieter ausgewählt werden, der den geringsten Preis angeboten hat. Aber vielleicht hat er das nur getan, weil er das gewünschte System komplett missverstanden hat, weil er billige, aber schlechte Entwickler hat oder weil er kurz vor der Pleite steht und daher nach jedem Strohhalm greift. In allen diesen Fällen ist wohl davon auszugehen, dass die Beauftragung des billigsten Anbieters später zu erheblichen Problemen führen wird.

Auch bei Beauftragungen nach Time & Material ist der Preis kein günstiges Auswahlkriterium. Entwickler mit einem Tagessatz von 1.200 Euro können am Ende deutlich preisgünstiger sein als welche mit einem Tagessatz von 800 Euro. Ein erfahrenes und eingespieltes Team kann leicht doppelt oder viermal so produktiv sein wie ein neu zusammengestelltes Team bestehend aus Anfängern.

Tatsächlich sollte die Auswahl des Anbieters danach erfolgen, ob er in der Lage ist, ein nützliches System für einen angemessenen Preis zu entwickeln. Bei dieser Einschätzung helfen frühere Erfahrungen mit dem Anbieter oder – noch besser – dem Team. Wenn man mit dem Anbieter bzw. Team noch nicht zusammengearbeitet hat, kann eine Einschätzung über ein Vorprojekt vorgenommen werden (siehe Abschnitt 5.5 und Abschnitt 7.1.1).

2.3 Vertragsgestaltung für agile Entwicklung

Agile Softwareentwicklung kommt mit einem bestimmten Gedankengut (Mindset) einher. Die Verträge zwischen Auftraggeber und Dienstleister müssen so gestaltet werden, dass sie diesem Mindset Rechnung tragen. Dabei sind vor allem drei agile Grundideen zu berücksichtigen, die weiter unten detaillierter beschrieben sind:

1. *Unvollständige Funktionsbeschreibung*: Wir wissen zu Projektbeginn noch nicht vollständig, wie die Software aussehen muss, um den erhofften Nutzen zu bringen.
2. *Gemeinsames Verständnis*: Wir erzeugen ein gemeinsames Verständnis über Gespräche und nicht über Dokumente.

3. *Kooperative Problemlösung*: Wir reagieren auf Probleme mit größerer Nähe und nicht mit größerer Distanz.

Darüber hinaus muss das konkret gewählte Verfahren zur Entwicklung (z.B. Scrum) im Vertragswerk seinen Niederschlag finden. Dazu muss nicht das gesamte Scrum-Framework im Vertrag wiederholt werden. Ein Verweis auf den Scrum Guide als offizielle Scrum-Definition reicht aus.

Allerdings müssen die spezifischen Scrum-Aspekte im Vertrag konkretisiert werden. Das betrifft in erster Linie die Rollen, aber auch die Meetings und Artefakte:

- Rollen: Es muss festgelegt werden, welcher Vertragspartner welche Rolle besetzt und welche Randbedingungen er dabei einhalten muss.
- Meetings: Die Vertragspartner müssen vereinbaren, wer an welchen Meetings teilzunehmen hat.
- Artefakte: Der Vertrag muss festlegen, welche Artefakte vertragsrelevant sind und wie diese zu führen sind.

In den folgenden Abschnitten betrachten wir die Auswirkungen der drei oben genannten Grundprinzipien genauer und diskutieren die Abbildung der Rollen, Meetings und Artefakte im Vertrag.

2.3.1 Unvollständige Funktionsbeschreibung

Agile Entwicklung adressiert komplexe Problemstellungen, die sich per Definition nicht vorab vollständig analysieren lassen (siehe Abschnitt 2.1). Daher können nicht alle Funktionen der zu entwickelnden Software vorab spezifiziert werden. Stattdessen müssen die Beteiligten im Projektverlauf lernen, wie die Software gestaltet werden muss, um den erhofften Nutzen zu erzielen.

Der Vertrag muss es also ermöglichen, Softwarefunktionen zu entwickeln, die bei Vertragsabschluss noch nicht bekannt waren. Wenn Funktionen bereits im Vertrag beschrieben werden, muss ein leichtgewichtiges Verfahren definiert werden, über das von dem beschriebenen Funktionsumfang abgewichen werden kann.

Aus rein ökonomischen Gründen sollte man natürlich erst gar nicht viel Aufwand in die detaillierte Beschreibung von Funktionen investieren, die man später anders oder gar nicht benötigt. Werden Funktionen im Vertrag beschrieben, sollten sie also sehr grobgranular sein oder nur exemplarischen Charakter haben.

2.3.2 Gemeinsames Verständnis

Bei der agilen Entwicklung wird viel Wert darauf gelegt, dass ein gemeinsames Verständnis entsteht, was warum und wie entwickelt wird. Weiterhin geht das Agile Manifest davon aus, dass die effektivste Art der Kommunikation das persönliche Gespräch ist. Umfangreiche Texte sind demnach kein besonders effektives Instrument, um ein gemeinsames Verständnis zu erzeugen. In der agilen Entwicklung sieht man Aufgeschriebenes als Hilfsmittel für das persönliche Gespräch und nicht als Ersatz dafür an.

Natürlich haben Dokumente dennoch einen Wert, z.B. für das Festhalten von Vertragsänderungen. Aber auch hier gilt, dass die Dokumente ein Hilfsmittel für ein Gespräch sind: Wir benutzen sie, um uns zu erinnern, was wir besprochen haben.

2.3.3 Kooperative Problemlösung

Die agilen Werte und Prinzipien führen zu einer neuartigen Perspektive auf die Lösung von Problemen. Klassische Problemlösung läuft häufig nach folgendem Schema ab[1]:

1. Kontrolle: Es wird ein Problem entdeckt (z.B. hat ein Mitarbeiter unzulässige Ausgaben als Spesen eingereicht).
2. Analyse: Ein Experte oder eine Gruppe aus Experten analysiert das Problem.
3. Ratschlag: Sie konzipieren eine Lösung, die meist auf mehr oder genaueren Vorgaben basiert. Diese Vorgaben sollen verhindern, dass das Problem in Zukunft erneut auftritt.
4. Konformität: Es wird ein Manager damit betraut, dafür zu sorgen, dass die Mitarbeiter sich an die neuen Vorgaben halten. Er gibt seinen Mitarbeitern entsprechende Anweisungen.

Danach beginnt der Zyklus erneut mit dem ersten Schritt, wenn jemand eine Abweichung zu den Vorgaben entdeckt.

Diese Abfolge ist in Abbildung 2–3 visualisiert.

---

1. Die Darstellung orientiert sich am Control-Cycle aus *http://www.co-evolution.com/powercontrol.php*.

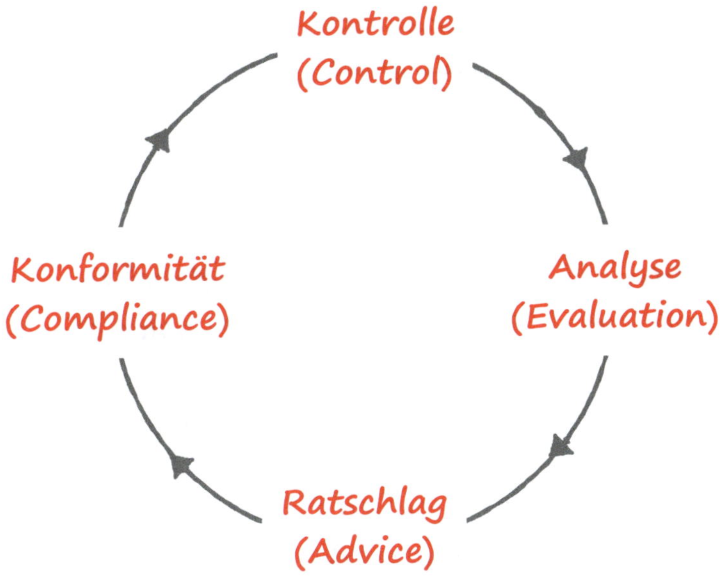

Abb. 2–3 *Klassische Problemlösung*

Insgesamt führt diese Arbeitsweise eher zu einer Abgrenzung, während das agile Mindset klar in Richtung Kooperation drängt (siehe Abb. 2–4) und (idealisiert) folgende Schritte durchläuft:

1. Fähigkeit: Ein Problem wird aus einer Position der Handlungsfähigkeit heraus erkannt.
2. Hinsehen: Jetzt betrachten die betroffenen Personen das Problem gemeinsam.
3. Klarheit: Dadurch entsteht ein gemeinsames Verständnis des Problems, das die Signifikanz des Problems ändert. Insbesondere erkennen die Beteiligten, welchen Beitrag sie zum Problem leisten. Auf dieser Basis kann gemeinsam eine angemessene Lösung gefunden werden.
4. Vertrauen: Durch die gemeinsame Problembearbeitung steigt das gegenseitige Vertrauen, wodurch wiederum die Handlungsfähigkeit gestärkt wird.

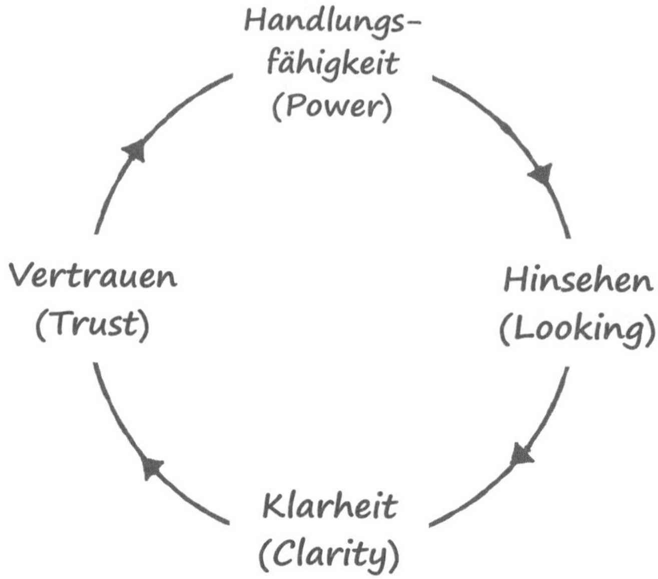

Abb. 2–4 *Agile Problemlösung*

Das bedeutet nicht, dass in der agilen Welt keine Spielregeln existieren. Zu den identifizierten Optionen könnten Anpassungen der Teamvereinbarungen, Änderungen an der Definition of Done[2] etc. gehören.

Ein agiler Vertrag sollte also Kooperation zur Problemlösung vereinbaren. Dazu wird festgeschrieben, dass sich die Verantwortlichen von Auftraggeber und Dienstleister regelmäßig (z.B. wöchentlich) treffen und über Probleme in der Zusammenarbeit reflektieren. Für die eigentliche Problemlösung wird ein Eskalationsmechanismus festgeschrieben, z.B. in der folgenden Form:

1. Bei den regelmäßigen Reflektionstreffen suchen die Verantwortlichen der Vertragsparteien nach einer einvernehmlichen Lösung.
2. Sollte keine Lösung gefunden werden, wird ein Mediator hinzugezogen.
3. Sollte auch mithilfe des Mediators keine Lösung gefunden werden, wird auf die nächsthöhere Ebene bei Auftraggeber und Dienstleister eskaliert. Auf dieser wird – ggf. wieder mit Unterstützung durch einen Mediator – nach einer Lösung gesucht.
4. Erst wenn auf der obersten Ebene auch mithilfe eines Mediators keine Lösung gefunden werden kann, werden gerichtliche Schritte in Betracht gezogen.

2. In der Definition of Done wird festgelegt, was in dem Projekt »fertig« bedeutet. Das kann z.B. Testabdeckung, Dokumentation oder das Einhalten von Datenschutzbedingungen betreffen.

Die Suche nach einer kooperativen Lösung kann generell dadurch unterstützt werden, dass vertraglich ein Risk-Share vereinbart wird. Dieser sorgt dafür, dass sich Auftraggeber und Dienstleister bestimmte Risiken teilen (z.B. Aufwand für eine Funktion ist viel größer als abgeschätzt).

2.3.4 Rollen

Wir gehen im Rahmen dieses Buches davon aus, dass der Auftraggeber die Software durch einen oder mehrere Dienstleister entwickeln lässt. Entwickeln mehrere Dienstleister gemeinsam die Software, betrachten wir diese als Konsortium, das sich wie *ein* Vertragspartner verhält. Damit können wir für die weitere Betrachtung davon ausgehen, dass es *einen* Auftraggeber und einen *Dienstleister* gibt.

Entwicklungsteam

Relativ einfach ist die Frage zu beantworten, wer das Entwicklungsteam stellt: der Dienstleister. Vielleicht werden für spezielle Fragen Mitarbeiter des Auftraggebers in das Team integriert. Die Verantwortung des Entwicklungsteams, technisch einwandfreie Software zu entwickeln, liegt aber auf jeden Fall beim Anbieter.

Leider lässt sich nicht vollständig spezifizieren, was *technisch einwandfrei* bedeutet. Das sollte die Vertragsparteien aber nicht davon abhalten, die gewünschten Eigenschaften mindestens zu skizzieren. Eine im Vertrag geregelte Definition of Done schafft Klarheit für alle Beteiligten. Im Vertrag sollte außerdem geregelt sein, wie diese Definition of Done angepasst werden kann, wenn sie sich als unpassend erweist.

Agile Entwicklung ist teamfokussiert, sodass die Teamdynamik erheblichen Einfluss auf die Leistung des Teams hat. So kann ein häufiges Auswechseln von Teammitgliedern die Entwicklung fast zum Erliegen bringen. Daher sollte vertraglich geregelt werden, wie Änderungen an der Teamzusammensetzung erfolgen. In der Regel ist es sinnvoll, dass diese nur im gegenseitigen Einvernehmen erfolgen können. In einem unserer Projekte hatten wir die folgende Klausel im Vertrag:

»Der Auftraggeber hat jederzeit das Recht, den Austausch von Mitarbeitern des Auftragnehmers zu verlangen, wenn er dies für den erfolgreichen Fortgang des Projekts als erforderlich erachtet. Der Auftragnehmer verpflichtet sich, binnen einer Frist von 3 Arbeitstagen einen hinreichend qualifizierten Mitarbeiter zur Verfügung zu stellen.

Etwaiger durch die Einarbeitung entstehender Mehraufwand ist, sofern der Mitarbeiteraustausch auf der mangelnden Qualifikation des ursprünglich eingesetzten Mitarbeiters beruht, vom Auftragnehmer zu tragen.«

Diese Klausel räumt dem Auftraggeber einseitig viel Einfluss ein und könnte bösartig zum Schaden des Auftragnehmers eingesetzt werden. Wir als Auftragnehmer hatten allerdings ausreichend Vertrauen in den Auftraggeber, dass wir dieses Szenario als extrem unwahrscheinlich eingestuft haben.

Scrum Master

An die Frage nach dem Entwicklungsteam schließt sich direkt die Frage nach dem Scrum Master an. Dieser arbeitet sehr eng mit dem Team zusammen und daher wird er meistens vom Anbieter gestellt.

Dabei ist zu beachten, dass der Scrum Master immer beim Anbieter *und* beim Auftraggeber aktiv sein muss, um seiner Verantwortung der Hindernisbeseitigung nachzukommen. Unserer Erfahrung nach tendieren Scrum Master dazu, vornehmlich im eigenen Unternehmen Probleme anzusprechen. Es sollte daher vertraglich geregelt werden, welche Mitwirkungspflichten er beim Auftraggeber in Anspruch nehmen kann.

Für die Hindernisbeseitigung kann es bei größeren Projekten durchaus sinnvoll sein, dass Auftraggeber und Anbieter die Scrum-Master-Rolle gemeinsam ausfüllen und jede Vertragspartei einen Scrum Master stellt.

Product Owner

Wir haben sehr häufig erlebt, dass der Anbieter den Product Owner stellt (siehe Abb. 2–5). Das ist meistens ungünstig, weil ein so besetzter Product Owner seiner Hauptverantwortung nicht gerecht werden kann: der Optimierung des Produktnutzens durch Priorisierung. Häufig hat ein Product Owner beim Dienstleister nur ein schwaches Verständnis davon, was genau der Produktnutzen ist und wie dieser erreicht werden kann. Noch schwerwiegender ist, dass der Auftraggeber diesen Product Owner selten autonom priorisieren lässt. Der Product Owner versucht dann in endlosen Abstimmungsrunden einen Konsens darüber herbeizuführen, was als Nächstes entwickelt werden soll. Konsensbasierte Produktgestaltung ist allerdings sehr träge und führt zu unnötig großen Softwareprodukten ohne klaren Fokus.

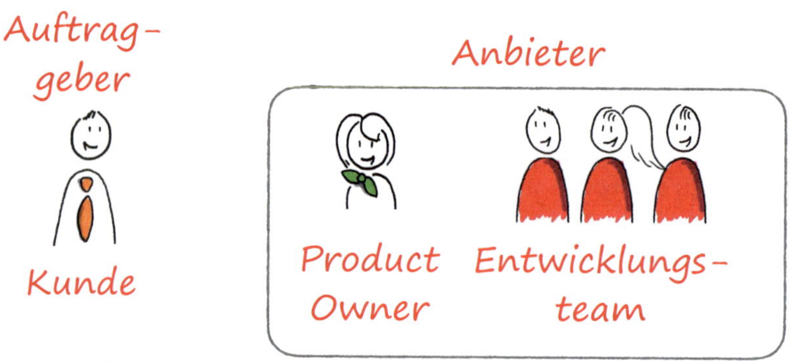

Abb. 2–5 *Anbieter stellt den Product Owner – meist ungünstig*

Wir haben bessere Erfahrungen damit gemacht, dass der Auftraggeber den Product Owner stellt (siehe Abb. 2–6). Dies harmoniert auch mit dem, was Ken Schwaber und Jeff Sutherland in [Schwaber & Sutherland 2012] schreiben: Der Product Owner ist derjenige, der die Software haben möchte. Der Auftraggeber sollte wissen, wie die Software Nutzen bringt und welche Softwarefunktionen dafür wichtig sind.

Abb. 2–6 *Auftraggeber stellt den Product Owner*

Herausforderungen entstehen dadurch, dass Product Owner beim Auftraggeber meist nicht in den typischen Scrum-Praktiken ausgebildet sind. Sie sind nicht sicher beim Schreiben von User Stories, dem Aufteilen von Epics in User Stories, der Anwendung einschlägiger Priorisierungstechniken etc. Diese Lücke muss das Entwicklungsteam füllen. Wenn wir im elften Prinzip des Agilen Manifests lesen, dass die besten Anforderungen durch selbstorganisierte Teams entstehen, ist dies nur folgerichtig (siehe Abschnitt 1.1).

Unternehmen mit einer klassischen Prägung, in der Entwickler nur für die »Execution«, aber auf keinen Fall für die Konzeption verantwortlich waren, mag diese Vorstellung ungeheuerlich erscheinen. Es funktioniert in der Praxis aber sehr gut. Man muss lediglich dafür sorgen, dass die notwendigen konzeptionellen Fähigkeiten auch im Team vorhanden sind. Das Entwicklungsteam konzipiert dann direkt zusammen mit den Anwendern – man spricht von »Co-Design«[3]. Der Product Owner konzentriert sich auf seine Kernaufgabe: Priorisierung (siehe Abb. 2–7).

---

3. Die Idee geht auf *Participatory Design* zurück, das in den 1960er- bis 1970er-Jahren in Skandinavien entstanden ist: *https://en.wikipedia.org/wiki/Participatory_design*.

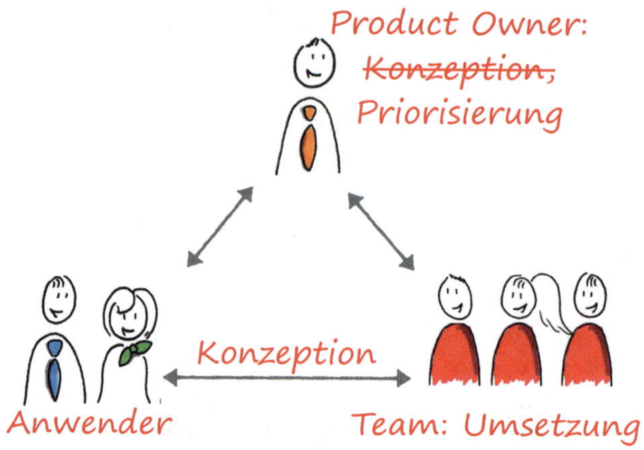

Abb. 2–7 Team erstellt die Konzeption gemeinsam mit Anwendern.

Im Vertrag muss also festgelegt werden, wer den Product Owner stellt. Außerdem muss geklärt werden, wer für die konzeptionelle Arbeit verantwortlich ist. In einem Vertrag mit einem Konzernkunden hatten wir Folgendes vereinbart:

»Die Aufgaben des Teams erstrecken sich auch auf die enge Zusammenarbeit mit dem Product Owner und den Anwendern insbesondere auch bei der Definition und Detaillierung von User Stories sowie die Beratung des Product Owners zur technischen Umsetzung der einzelnen Stories.«

2.3.5 Meetings

Zu den Meetings sollte vertraglich vereinbart werden, welche Meetings durchzuführen sind (darf z.B. das Entwicklungsteam entscheiden, das Daily Scrum abzuschaffen?). Außerdem muss vereinbart werden, wer an den Meetings teilzunehmen hat. Zum Sprint-Review sollte geregelt werden, dass auch Anwender teilnehmen, ebenso bei einem ggf. vereinbarten regelmäßigen Refinement-Meeting.

Bei der Retrospektive sollte ebenfalls die Teilnehmergruppe definiert werden. Der Auftraggeber sollte an den Retrospektiven teilnehmen, damit gemeinsame Verbesserungsmaßnahmen diskutiert und umgesetzt werden können.

2.3.6 Artefakte

Das Product Backlog ist der Dreh- und Angelpunkt für die zu entwickelnden Softwarefunktionen. Es ist daher ratsam, im Vertrag zu definieren, wie das Product Backlog zu führen ist und ob z.B. Nachverfolgbarkeit von Änderungen am Product Backlog wichtig ist.

Zum Sprint Backlog müssen meist keine vertraglichen Regelungen getroffen werden.

Zum Produktinkrement ist insbesondere die Definition of Done wichtig. Wie oben bereits erwähnt, sollte im Vertrag eine Definition of Done beschrieben sein.

Handelt es sich beim Vertrag um einen Werkvertrag (siehe dazu Kap. 3), muss die Abnahme vertraglich geregelt sein. Wir haben dazu in einem Vertrag mit einem Konzernkunden vereinbart, dass die Abnahme pro Produktinkrement erfolgt. Die Abnahme sollte möglichst im Sprint-Review erfolgen, spätestens jedoch eine Woche danach. Würde der Auftraggeber die Abnahme nicht in dieser Zeit durchführen und auch die Abnahme nicht aufgrund schwerwiegender Mängel verweigern, würde das Produktinkrement automatisch als abgenommen gelten. Nach Abnahme stellten wir die Leistung in Rechnung.

2.3.7 Klauseln für agile Entwicklung im Vertrag

In Tabelle 2–1 sind die genannten agilen Prinzipien, Rollen, Meetings und Artefakte und ihre Auswirkungen auf die Vertragsgestaltung zusammengefasst.

	Auswirkungen auf Vertrag
Unvollständige Funktionsbeschreibung	■ Prozess wird definiert, mit dem der Funktionsumfang leichtgewichtig änderbar ist.
Gemeinsames Verständnis	■ Prozess zum Herstellen eines gemeinsamen Verständnisses wird beschrieben. ■ Definition, was zu welchem Zweck verbindlich dokumentiert wird.
Kooperative Problemlösung	■ Kontinuierlicher Austausch zwischen den Verantwortlichen der Vertragsparteien wird festgeschrieben. ■ Eskalationsprozess mit Mediation wird festgeschrieben. ■ Risk-Share wird vereinbart.
Rolle Entwicklungsteam	■ Definition, wer das Entwicklungsteam stellt und wer welchen Einfluss auf das Austauschen von Teammitgliedern hat. ■ Klarstellung, ob die Konzeption beim Entwicklungsteam liegt oder beim Product Owner (Präferenz: Entwicklungsteam).
Rolle Scrum Master	■ Festlegung, wer den Scrum Master stellt. ■ Mitwirkungspflichten des anderen Partners bei der Hindernisbeseitigung durch den Scrum Master werden festgeschrieben.
Rolle Product Owner	■ Festlegung, wer den Product Owner stellt (Präferenz: Auftraggeber).
Meetings	■ Festlegung, welche Meetings nicht abgeschafft werden dürfen. ■ Festlegung, wer an welchen Meetings teilnimmt. Insbesondere sollte die Teilnahme von Anwendern am Sprint-Review festgeschrieben werden. Der Auftraggeber sollte an Retrospektiven teilnehmen.
Artefakte	■ Festlegung, wie das Product Backlog zu führen ist und ob Nachverfolgbarkeit notwendig ist. ■ Regelungen zum Sprint Backlog sind meist unnötig. ■ Definition einer Definition of Done für die Produktinkremente. ■ Bei Werkvertrag Regelung der Abnahme des Produktinkrements.

Tab. 2–1 *Auswirkung der agilen Vorgehensweise auf den Vertrag*

2.3.8 Wie viel Vertrag?

Als wir mit dem Buch begonnen haben, haben wir in den it-agile-Archiven nach Verträgen für Softwareentwicklung gesucht. Das, was wir gefunden haben, ist aus juristischer Sicht sicherlich sehr unvollständig und wirkt vielleicht sogar naiv. Es gibt da für Entwicklungsvorhaben von Hunderttausenden oder Millionen Euro nur wenige Seiten Text.

Wir wollen daraus aber keine generelle Marschroute ableiten, nach der unvollständige Verträge anzustreben wären. Wie vollständig bzw. umfangreich der Vertrag sein muss, hängt maßgeblich vom Vertrauensverhältnis zwischen Auftraggeber und Auftragnehmer ab. In unseren Fällen hatten wir das grundsätzliche Vertrauen, dass der jeweilige Auftraggeber bei Problemen zu kooperativer Lösungsfindung bereit war.

Dieses Vertrauen wurde nie enttäuscht. Trotz unvollständiger Verträge gab es nie Probleme, die durch die Unvollständigkeit der Verträge erzeugt worden wären. Natürlich traten auch immer wieder Probleme in den Projekten auf. Diese wurden aber meist durch suboptimale Zusammenarbeit erzeugt und ließen sich durch eine engere Zusammenarbeit lösen.

Man könnte unsere Erfahrung auf eine einfache Formel bringen:

> Je mehr Vertrauen, desto weniger Vertrag.

2.3.9 Beispielvertrag

Bei it-agile haben wir in den letzten 10 Jahren häufig mit den unten skizzierten Konditionen zur Projektdurchführung gearbeitet, die einen Teil der oben genannten Aspekte adressieren[4]:

> **Projektorganisation**
>
> Das Projekt ist unterteilt in einzelne Gewerke (»Minimal Marketable Features«, MMF), die der Auftraggeber soweit technisch möglich in beliebiger Reihenfolge abrufen kann. Die einzelnen Features werden jeweils zum Festpreis umgesetzt.
>
> Das Projekt wird nach Scrum mit einer Sprint-Länge von einer Woche durchgeführt. Innerhalb eines Sprints werden die für diesen Sprint ausgewählten MMFs entwickelt und in einen betriebsfähigen Zustand gebracht (siehe Abnahme).

→

4. Diese Vereinbarungen sind über mehrere Iterationen überarbeitet worden – nicht immer im Beisein eines Juristen. Wir raten daher davon ab, diese ohne juristischen Beistand 1:1 zu übernehmen.

Projektrollen

Der Auftraggeber stellt einen Product Owner (m/w), der über die Priorisierung der MMFs innerhalb des Sprints entscheidet, die Sprint-Ergebnisse abnimmt und die MMFs auf das für eine Realisierung notwendige Level verfeinert. Der Product Owner kann dem Team Fragen innerhalb von zwei Arbeitstagen verbindlich beantworten. Bei Sprint-Planung, -Review und -Retrospektive ist der Product Owner anwesend.

- Der Product Owner ist für die Budgetkontrolle verantwortlich.
- Das Team gibt dem Product Owner Zugang zu allen verfügbaren Informationen, die dieser für informierte Entscheidungen und Abnahmen benötigt.
- Der Auftragnehmer stellt ein Entwicklungsteam, das für den Produktionscode verantwortlich ist. Eines der Teammitglieder übernimmt die Rolle des Scrum Masters.
- Product Owner, Entwicklungsteam und Scrum Master bilden gemeinsam das »Team«.

Eskalationswege

Als Eskalationsinstanzen steht auf Auftraggeberseite Herr/Frau XXX zur Verfügung, auf Auftragnehmerseite Herr/Frau XXX.

Die Eskalationsinstanzen können von jedem Mitglied des Teams angerufen werden, wenn Konflikte, die den Projekterfolg einer oder beider Seiten bedrohen, nicht innerhalb des Teams gelöst werden können. Über die Anrufung der Eskalationsinstanz wird die jeweils andere Seite unverzüglich informiert. Beide Seiten tragen organisatorisch Sorge, dass die Konfliktklärung innerhalb von drei Arbeitstagen ab Anrufung gestartet werden kann. Es sind Stellvertreter zu benennen. Weisungen der Eskalationsinstanzen erfolgen nur in Abstimmung mit der Eskalationsinstanz der anderen Seite.

Sprint-Planung

Zu Beginn jedes Sprints legt der Product Owner die als Nächstes zu bearbeitenden MMFs fest und präzisiert sie gemeinsam mit dem Entwicklungsteam bis auf einen von beiden Seiten festzulegenden Detaillierungsgrad. Die MMFs werden vom Entwicklungsteam nochmals geschätzt und der Umfang des Sprints wird anhand der Schätzung festgelegt.

Wurde dieses MMF bereits zu Projektbeginn geschätzt und überschreitet die neue Schätzung die ursprüngliche Schätzung um mehr als 20 %, so sucht das Team gemeinsam nach einer kostengünstigeren Lösung, die den gleichen Geschäftszweck erfüllt. Verbindlich ist die Schätzung zur Sprint-Planung. Alternativ kann der Produkt Owner auch andere MMFs dieses Sprints entsprechend vereinfachen oder vollständig aus dem Leistungsumfang des Produkts streichen.

Zudem legt der Product Owner in der Sprint-Planung MMFs als »Nachrücker« fest, die umgesetzt werden, sollte das Team schneller als geplant fertig werden.

Diese Entscheidungen werden während der Sprint-Planung in Form von Fotoprotokollen dokumentiert.

→

Abnahmeverfahren

Das Ergebnis eines Sprints ist ein Inkrement mit den entwickelten Funktionalitäten.

Die Abnahme erfolgt nach MMFs: Am Ende jedes Sprints demonstriert das Entwicklungsteam die umgesetzten Features im Sprint-Review. Im Anschluss an das Sprint-Review erklärt der Product Owner innerhalb von zwei Sprints die fachliche Abnahme der neuen Features. Erfolgt keine gesonderte Abnahmeerklärung, so gelten die jeweiligen MMFs nach diesen zwei Sprints als fachlich abgenommen.

Werden einzelne Features eines Sprints nicht abgenommen, berührt das nicht die Abnahme der anderen Features. Der Product Owner verschafft sich während des Sprints einen ausreichenden Überblick über die Features, um die Abnahme möglichst schnell erklären zu können.

Verweigert der Product Owner die Abnahme dreier Sprint-Ergebnisse nacheinander aus fachlichen Gründen, behält sich der Auftragnehmer eine Auflösung des Vertrags vor. Der bis dahin für unfertige Features entstandene anteilige Aufwand ist dem Auftragnehmer in angemessenem Umfang zu vergüten.

Dokumentation

Die Schätzungen der MMFs umfassen keine gesonderte Dokumentation des Systems, weder für interne Zwecke noch für die Anwender oder den Betrieb. Das Design wird mithilfe von Unit Tests maschinell überpruüfbar dokumentiert. Erwartet der Auftraggeber zu jedem MMF gesonderte technische Dokumentation, so ist der erwartete Dokumentationsumfang vor der Schätzung der Features im Rahmen der *Definition of Done* festzulegen.

Dem Auftraggeber steht es frei, Anwender- oder Betriebsdokumentation oder auch über die Definition of Done hinausgehende technische Dokumentation als gesondert zu vergütende MMFs in Auftrag zu geben.

Change-Request-Verfahren

Der Product Owner kann zu jeder Sprint-Planung die Reihenfolge der Features verändern, Features aus dem Leistungsumfang streichen oder neue hinzufügen. Bei Veränderungen oder Hinzufügen von Features wird das Entwicklungsteam den neuen Stand schätzen. Wird dadurch der Gesamtumfang der Entwicklung größer, so kann das Entwicklungsteam die Veränderung ablehnen und verlangen, dass sie als eigene MMFs mit neuem Vertrag umgesetzt werden. Während eines Sprints kann der Product Owner Veränderungen an den MMFs vorschlagen. Schätzt das Entwicklungsteam diese als aufwandsneutral ein, wird es sie in der Regel umsetzen. Führen die Änderungen zu erhöhten Aufwänden, so kann der Product Owner vorschlagen, bereits geplante, aber noch nicht begonnene MMFs aus dem Sprint zu streichen. Das Entwicklungsteam kann frei entscheiden, ob es die Anforderung in der geplanten Form umsetzt oder mit den vom Product Owner vorgeschlagenen Änderungen.

→

Produktivsetzung

Um aussagekräftiges Feedback zu ermöglichen, wird ein abgenommenes Sprint-Ergebnis in der Regel innerhalb von 6 Arbeitstagen Betatestern zur Verfügung gestellt, wenn keine wichtigen Interessen des Auftraggebers dem entgegenstehen.

Der Auftraggeber wird das entwickelte System spätestens am XXX in den regulären Betrieb übernehmen. Sollte dies nicht erfolgen, so behält sich der Auftragnehmer das Recht vor, diese Ergebnisse von der Gewährleistung auszuschließen. Die Behebung von Fehlern, die in diesen Ergebnissen während des Betriebs auftreten, wird dann nach Aufwand verrechnet. Der Auftragnehmer wird dem Auftraggeber schriftlich anzeigen, wenn ein solcher Gewährleistungsausschluss droht, und dem Auftragnehmer eine Frist von mindestens zwei Wochen einräumen, den Betatest einzuleiten.

Der Auftraggeber wird bereits unvollständige Versionen einem umfangreichen Test unterziehen und soweit möglich produktiv setzen (ggf. »unsichtbar« für die Außenwelt), um sicherzustellen, dass der Endtermin nicht durch unvorhergesehene Probleme in der Produktion gefährdet wird.

Mitwirkungspflichten des Auftraggebers

Der Auftraggeber stellt kostenfrei zur Verfügung:

1. Den mitwirkenden Product Owner (siehe oben)
2. Kapazitäten zum Betatest der Anwendung
3. Arbeitsplätze für XXX Mitarbeiter in den eigenen Betriebsräumen in unmittelbarer Nähe des Product Owners mit Internetanschluss. Es kommen die persönlichen Computer und Telefone der Mitarbeiter des Auftragnehmers zum Einsatz. Alle Mitarbeiter sitzen im gleichen Raum und können Merkzettel und andere zur Projektabwicklung notwendige Informationen an Wänden oder Stellwänden anbringen.
4. Eine Testumgebung, auf der das Team die entwickelten Softwareinkremente demonstrieren und zum Test durch den Auftraggeber bereitstellen kann
5. Modifikationen der Serversoftware entsprechend den in der Sprint-Planung festgelegten Anforderungen. Wird die Serversoftware nicht innerhalb eines Sprints bereitgestellt, so erfolgt die fachliche Abnahme gegen einen Mock-Server. Spätestens bis zum Betatest muss die Funktionalität auf dem Server bereitstehen.
6. Der Auftraggeber wird Anfragen und E-Mails des Teams innerhalb von zwei Arbeitstagen beantworten.

Verzögerungen und Zusatzaufwände, die dadurch entstehen, dass der Auftraggeber seinen Mitwirkungspflichten nicht nachkommt, gehen zulasten des Auftraggebers.

→

Besitzübergang

Mit der Abnahme eines Sprint-Ergebnisses erhält der Auftraggeber das exklusive, nicht übertragbare Nutzungsrecht für das System. Mit der vollständigen Bezahlung des abgenommenen MMFs erhält der Auftraggeber das vollständige, übertragbare Nutzungsrecht an dem Programmcode für dieses Sprint-Ergebnis.

Während der Laufzeit dieses Vertrags und der Gewährleistungsdauer hat der Auftragnehmer freien Zugriff auch auf Programmcode älterer Sprints. Der Auftragnehmer kann den Programmcode älterer Sprints nach Notwendigkeit ändern. Nimmt der Auftraggeber oder Dritte Veränderungen an der Codebasis vor, erlischt dadurch die Gewährleistung an den betroffenen Komponenten.

Drittlizenzen

In dem Preis nicht enthalten sind eventuell zum Betrieb notwendige Lizenzen Dritter. Betriebslizenzen sind vom Auftraggeber getrennt zu erwerben. Soweit zur Entwicklung Drittsoftware eingesetzt wird, deren Laufzeitlizenzen kostenpflichtig sind, geschieht dies nur, wenn der Product Owner sein Einverständnis erklärt. Setzt das Entwicklungsteam Software ein, die unter einer freien Lizenz verwendet werden kann (z.B. Open-Source-Software), so wird es den Product Owner darüber und über die entsprechenden Lizenzbestimmungen informieren. Wenn von den Lizenzbestimmungen wichtige Eigentumsrechte des Auftraggebers unzumutbar eingeschränkt werden, kann dieser innerhalb eines Sprints sein Veto gegen Einsatz der Fremdsoftware aussprechen.

Eventuell notwendige Entwicklungslizenzen verbleiben im Besitz des Auftragnehmers. Übernimmt der Auftraggeber die Weiterentwicklung oder Wartung, muss er diese Lizenzen direkt von den jeweiligen Herstellern erwerben.

Gewährleistung

Nach fachlicher Abnahme übernimmt der Auftragnehmer für zwei Jahre die gesetzliche Gewährleistung auf verdeckte technische Mängel an dem System. Die Gewährleistung umfasst die kostenlose Analyse und Behebung technischer Fehler.

Die Fehlermeldung erfolgt an das Entwicklungsteam mit ausreichend Informationen, um den Fehler nachvollziehen zu können. Das Team legt gemeinsam fest, in welchem Sprint der Fehler behoben wird. Der genaue Fehlerprozess wird bei Bedarf vom Team festgelegt.

Diese Vereinbarung regelt die gegenseitigen Erwartungen von Auftraggeber und Aufragnehmer. Je nach Kontext können Klauseln zur Bezahlung nach Aufwand, pro Feature oder generiertem Nutzen ergänzt werden. Für einen Festpreis pro Feature kann die Bezahlklausel wie folgt aussehen:

Bezahlung

Der Preis für die einzelnen Features ergibt sich aus der Schätzung des Teams. Der Preis für fertiggestellte MMFs wird monatlich in Rechnung gestellt.

Bei Abbruch eines Sprints und für die Bearbeitung von Gewährleistungsansprüchen, die sich als unbegründet herausstellen, berechnet der Auftragnehmer € XXX (zzgl. MwSt.) pro Person und Entwicklertag.

2.4 Vertragsformen

Nachdem wir im vorigen Abschnitt beschrieben haben, welche Aspekte im Vertrag zu definieren sind, um agiles Arbeiten zu ermöglichen, betrachten wir nun verschiedene Vertragsformen, die insbesondere Fragen der Bezahlung und Risikoverteilung adressieren.

2.4.1 Üblich: Festpreis oder Time & Material

Die beiden klassischen Vertragsformen für Softwareentwicklung sind Festpreis und Time & Material (Aufwandsprojekt). Beim Festpreisprojekt beschreibt der Auftraggeber die gewünschte Funktionalität und der Anbieter bietet die Entwicklung zu einem festen Preis an. Es ist also nicht nur der Preis fest, sondern auch der Funktionsumfang. Das macht den klassischen Festpreis zu einem ungünstigen Vertragsmodell für agile Entwicklung, in der wir ja gerade flexibel beim Funktionsumfang sein möchten.

Bei Projekten nach Time & Material verhält es sich komplett anders. Der Anbieter rechnet regelmäßig (meist monatlich) die erbrachten Aufwände zu einem vorher vereinbarten Tagessatz ab. Damit fixiert der Vertrag nicht die zu entwickelnde Funktionalität. Der Auftraggeber kann während des Projektverlaufs lernen, welche Funktionalität er wirklich braucht, und die Entwicklung entsprechend steuern.

Festpreis und Time & Material unterscheiden sich also drastisch bezüglich der Flexibilität der Softwarefunktionalität (siehe Abb. 2–8). Im Festpreis kann der vorab definierte Funktionsumfang nur sehr aufwendig geändert werden. Bei Time & Material wird man in der Regel auch den Funktionsumfang vorab skizzieren, diesen aber nicht vertraglich fixieren. Damit ist der Auftraggeber maximal flexibel, während des Projekts hinzuzulernen, wie die Software ausgestaltet werden muss.

Abb. 2–8 *Flexibilität bezüglich der Softwarefunktionalität*

Häufig wird die Diskussion um die beiden genannten Vertragsformen durch das juristische Konzept des Werkvertrags vernebelt. Juristisch wird unterschieden, ob man ein Werk erstellt oder eine Dienstleistung erbringt. Beim Erstellen eines Werkes ist der Anbieter insbesondere gewährleistungspflichtig – er muss also Mängel (Bugs) auf seine Kosten beheben. Häufig wird Werk mit Festpreis und Dienstleistung mit Time & Material gleichgesetzt. Das ist juristisch aber weder notwendig noch angebracht. Man kann auch ein Werk erstellen, das man nach Time & Material zahlt. Wir betrachten die juristischen Hintergründe ausführlich in Kapitel 3.

2.4.2 Probleme mit Festpreisverträgen

Der klassische Festpreis gibt Anreize für den Auftraggeber, eine möglichst umfangreiche und hochqualitative Lieferung zu fordern – er möchte möglichst viel für sein Geld bekommen. Der Anbieter hingegen sucht nach der billigsten Möglichkeit, seinen vertraglichen Verpflichtungen nachzukommen – er möchte möglichst wenig Aufwand haben. Damit sind die Interessen von Auftraggeber und Anbieter entgegengesetzt gerichtet, was regelmäßig zu Konflikten führt.

2.4.3 Probleme mit Aufwandsprojekten

Die beschriebenen Probleme mit dem Festpreis legen zunächst nahe, dass Time & Material-Verträge besser zu agiler Entwicklung passen. Diese Annahme ist korrekt; allerdings sind auch Time & Material-Verträge nicht ohne Probleme.

So haben wir immer wieder erlebt, dass sich das vom Anbieter gestellte Entwicklungsteam nicht so verhalten hat, wie vom Auftraggeber gewünscht. Der Auftraggeber erwartet von einem agilen Entwicklungsteam,

- dass es sich bei der Frage einbringt, wie die Software gestaltet sein muss, sodass sie den erhofften Nutzen schafft,
- dass es Hindernisse selbst beseitigt und
- dass es über Retrospektiven die Zusammenarbeit und den Prozess verbessert und so schrittweise effektiver wird.

Diese Erwartungen existieren vollkommen zu Recht. Ein Team, das auch nur eine dieser Erwartungen nicht erfüllt, ist kein agiles Team. Die Teams enttäuschen hinsichtlich dieser Erwartungen allerdings nicht böswillig oder mit Vorsatz. Wir gehen davon aus, dass die Teammitglieder motiviert bei der Arbeit sind. Motivierte Teams interessieren sich dafür, ob die entwickelte Software nützlich ist, und sie arbeiten daran, kontinuierlich besser zu werden.

Der Kontext, in dem die Teams arbeiten, führt leider allzu oft dazu, dass sie sich nicht so verhalten können, wie es für erfolgreiche agile Entwicklung notwendig wäre. So verstehen sich einige Anbieter mehr oder weniger als Personalvermittler. Wichtig ist ihnen primär, dass die Finanzen stimmen. Es gibt keinen höheren Zweck des Unternehmens und auch kein klares Bekenntnis zur Agilität beim Dienstleister. Wenn der Kunde ein Wasserfallprojekt mit einem Command & Control-Projektleiter möchte, kriegt er das genauso wie ein agiles Team mit einem Scrum Master. Das funktioniert so aber nicht. Agile Entwicklung ist primär eine Frage des Mindsets, und das lässt sich nicht von Projekt zu Projekt austauschen.

Stellt ein solcher Anbieter ein »agiles« Entwicklungsteam, versucht dieses nach Kräften, die Mechaniken anzuwenden (Rollen, Meetings, Artefakte). Ohne das agile Mindset (bestehend aus den agilen Werten und Prinzipien) bringen die Mechaniken aber nur einen sehr geringen Vorteil. Insbesondere wird das Team die oben genannten Erwartungen des Auftraggebers enttäuschen.

Genauso kann aber auch der Auftraggeber den Kontext so gestalten, dass echtes agiles Arbeiten sehr schwer wird. So wird der Auftraggeber einen Teil der Hindernisse erzeugen, die dem Team das Arbeiten schwer machen (z.B. schlechte Verfügbarkeit der Ansprechpartner, Probleme mit der Infrastruktur des Auftraggebers). Wenn der Auftraggeber auf diese Probleme hingewiesen wird und keine Anstrengungen zur Problembeseitigung unternimmt, wird das Team schnell demotiviert.

2.4.3 Probleme mit Aufwandsprojekten

Die beschriebenen Probleme mit dem Festpreis legen zunächst nahe, dass Time & Material-Verträge besser zu agiler Entwicklung passen. Diese Annahme ist korrekt; allerdings sind auch Time & Material-Verträge nicht ohne Probleme.

So haben wir immer wieder erlebt, dass sich das vom Anbieter gestellte Entwicklungsteam nicht so verhalten hat, wie vom Auftraggeber gewünscht. Der Auftraggeber erwartet von einem agilen Entwicklungsteam,

- dass es sich bei der Frage einbringt, wie die Software gestaltet sein muss, sodass sie den erhofften Nutzen schafft,
- dass es Hindernisse selbst beseitigt und
- dass es über Retrospektiven die Zusammenarbeit und den Prozess verbessert und so schrittweise effektiver wird.

Diese Erwartungen existieren vollkommen zu Recht. Ein Team, das auch nur eine dieser Erwartungen nicht erfüllt, ist kein agiles Team. Die Teams enttäuschen hinsichtlich dieser Erwartungen allerdings nicht böswillig oder mit Vorsatz. Wir gehen davon aus, dass die Teammitglieder motiviert bei der Arbeit sind. Motivierte Teams interessieren sich dafür, ob die entwickelte Software nützlich ist, und sie arbeiten daran, kontinuierlich besser zu werden.

Der Kontext, in dem die Teams arbeiten, führt leider allzu oft dazu, dass sie sich nicht so verhalten können, wie es für erfolgreiche agile Entwicklung notwendig wäre. So verstehen sich einige Anbieter mehr oder weniger als Personalvermittler. Wichtig ist ihnen primär, dass die Finanzen stimmen. Es gibt keinen höheren Zweck des Unternehmens und auch kein klares Bekenntnis zur Agilität beim Dienstleister. Wenn der Kunde ein Wasserfallprojekt mit einem Command & Control-Projektleiter möchte, kriegt er das genauso wie ein agiles Team mit einem Scrum Master. Das funktioniert so aber nicht. Agile Entwicklung ist primär eine Frage des Mindsets, und das lässt sich nicht von Projekt zu Projekt austauschen.

Stellt ein solcher Anbieter ein »agiles« Entwicklungsteam, versucht dieses nach Kräften, die Mechaniken anzuwenden (Rollen, Meetings, Artefakte). Ohne das agile Mindset (bestehend aus den agilen Werten und Prinzipien) bringen die Mechaniken aber nur einen sehr geringen Vorteil. Insbesondere wird das Team die oben genannten Erwartungen des Auftraggebers enttäuschen.

Genauso kann aber auch der Auftraggeber den Kontext so gestalten, dass echtes agiles Arbeiten sehr schwer wird. So wird der Auftraggeber einen Teil der Hindernisse erzeugen, die dem Team das Arbeiten schwer machen (z.B. schlechte Verfügbarkeit der Ansprechpartner, Probleme mit der Infrastruktur des Auftraggebers). Wenn der Auftraggeber auf diese Probleme hingewiesen wird und keine Anstrengungen zur Problembeseitigung unternimmt, wird das Team schnell demotiviert.

Wegen dieser enttäuschten Erwartungen setzen einige Auftraggeber dann doch wieder auf Festpreisverträge; nicht, weil sie glauben, dass dies die optimale Vertragsform wäre, sondern aus »Notwehr« – sie wissen sich nicht anders zu helfen. Glücklicherweise gibt es inzwischen eine ganze Reihe alternativer Vertragsmodelle zu Festpreis und Time & Material, sodass solche Notwehrsituationen vermeidbar sind. Mit einem anderen Vertragsmodell verschwinden die genannten Problemursachen natürlich nicht. Alternative Vertragsmodelle schaffen allerdings zusätzliche Optionen beim Umgang mit Problemen auf Auftraggeber- und Anbieterseite und generieren Anreize für kooperative Problemlösungen.

2.4.4 Alternative Vertragsformen

Der klassische Festpreis ist sicher nicht die optimale Vertragsform, um damit agile Projekte durchzuführen. Änderungen an dem geplanten Funktionsumfang sind nur schwer möglich.

Wenn allerdings ein Festpreisvertrag gesetzt ist, ist eine agile Durchführung (mit der Einschränkung des starren Funktionsumfangs) meistens trotzdem sinnvoll. Um mit den beschriebenen Problemen des klassischen Festpreises besser umgehen zu können, gibt es inzwischen eine Reihe von Varianten des klassischen Festpreises.

Interessanterweise verschwinden viele Probleme des klassischen Festpreises, wenn der Umfang des Festpreises sehr klein wird. Je Sprint einen Festpreis zu vereinbaren, ist viel unproblematischer als ein Festpreis über 12 Monate.

Dem klassischen Festpreis als ein Extrem steht auf der anderen Seite das klassische Aufwandsprojekt gegenüber. Ähnlich wie beim Festpreis hat sich auch hier eine Reihe von Varianten herausgebildet, die die Schwächen des Time & Material-Vertrags adressieren.

Time & Material und Festpreise sind *kostenorientierte* Verträge – sie thematisieren nur die Kosten der Entwicklung. *Nutzenorientierte Verträge* benennen den Nutzen für den Anbieter und machen die Bezahlung von diesem Nutzen abhängig. Diese Denkweise passt besser zum agilen Mindset als kostenorientierte Verträge.

Ab Kapitel 5 erörtern wir die einzelnen Vertragsmodelle im Detail (siehe Abbildung 2–9). Dabei orientieren wir uns an den beiden Dimensionen, die wir in diesem Kapitel identifiziert haben: Flexibilität bezüglich des Funktionsumfangs sowie Kosten/Nutzenorientierung.

Wir beginnen in Kapitel 5 mit den verschiedenen Varianten von Festpreisverträgen. Kapitel 6 behandelt Vertragsmodelle, bei denen die Vergütung nach Aufwand erfolgt. Das Kapitel 7 widmen wir Vertragsmodellen, in denen die Bezahlung in kleinen Einheiten (in der Regel je Sprint) erfolgt. Alle diese Vertragsmodelle sind noch kostenorientierte Verträge. In Kapitel 8 beschäftigen wir uns dann detailliert mit nutzenorientierten Verträgen.

3 Juristische Grundlagen

Die Vertragsgestaltung spielt bei IT-Projekten eine besondere Rolle. Eine individuelle Software zu erstellen, kostet Zeit und Geld, und oft braucht man dafür externen Sachverstand. Die Beteiligten wollen daher ihre Beziehungen untereinander üblicherweise auf eine vertragliche Grundlage stellen. Schon früh hat sich so das »Softwarevertragsrecht« als besondere Disziplin des »IT-Rechts« herausgebildet. Über Jahre sind dadurch verschiedenste vertragliche Besonderheiten in der Vertragsgestaltung bei Softwareverträgen entstanden. Sie sind den besonderen Eigenheiten von Software geschuldet.

Agile Programmierung ist wiederum eine besondere Form der Softwareerstellung. Wer jahrelang Projekte nach dem Wasserfallmodell (oder zumindest in Anlehnung daran) programmiert hat, wird sich in Projekten mit agiler Methodik umstellen müssen. Das Gleiche gilt auch für die zugrunde liegenden Verträge: Ein Vertrag für ein Scrum-Projekt weist gegenüber einem Vertrag für ein Wasserfallprojekt einige Besonderheiten auf.

Im Folgenden wollen wir daher eine kurze Einführung in das »Softwarevertragsrecht« geben und dann die Besonderheiten herausstellen, die bei Verträgen mit agiler Methodik von besonderer Bedeutung sind. Dabei versuchen wir, möglichst viele praktische Hinweise zu geben und auch Musterformulierungen zu präsentieren. Diese können in individuellen Projekten als Anhaltspunkte dienen, um sie an die eigenen Bedürfnisse anzupassen.

3.1 Softwarevertragsrecht

Agile Verträge sind Softwareverträge. Für sie gilt allgemeines Vertragsrecht unter Berücksichtigung softwarespezifischer Besonderheiten. Das Softwarevertragsrecht gehört als Teilbereich des »IT-Vertragsrechts« zum vergleichsweise jungen Rechtsgebiet des »Informationstechnologierechts« (IT-Recht, teils auch EDV-Recht oder Computerrecht genannt). Allerdings sind diese Kategorisierungen nicht in Stein gemeißelt. Das Softwarevertragsrecht betrifft alle Verträge, bei denen Software eine zentrale Rolle spielt, von Entwicklungsverträgen über das Customizing oder simple Softwarekaufverträge bis hin zu SaaS- oder Softwarepflegeverträgen sowie besonderen Ausformungen wie Sourcecode-Hinterlegungsvereinbarungen.

Man kann an diesem weiten Anwendungsbereich schon erkennen: Dem Softwarevertragsrecht kommt heute eine ganz besondere Bedeutung zu. Software nimmt mit fortschreitender technischer Entwicklung einen herausragenden Stellenwert ein und wird gerne als »Fundament der Informationsgesellschaft« bezeichnet. Der Anteil der Software am gesamten EDV-Markt ist in ihrer Fortentwicklung permanent gegenüber der Hardware gestiegen. Da mit Software heute Abläufe in fast allen Bereichen von Wirtschaft, Wissenschaft und Gesellschaft gesteuert werden, haben auch Verträge zur Erstellung und Nutzung solcher Software immer mehr an Bedeutung gewonnen.

Es gibt allerdings kein Gesetz oder gesonderte rechtliche Vorschriften, die Softwareverträge spezifisch und in sich geschlossen regeln. Sie unterliegen – genauso wie der Kauf von Tomaten, die Miete von Autos oder der Bau eines Hauses – dem Bürgerlichen Gesetzbuch (BGB). Das BGB hat verschiedenste Vertragstypen durch spezielle Regelungen in eine gesetzliche Form gegossen. Bekannte Vertragstypen aus dem BGB sind z.B. der Kaufvertrag (§§ 433 ff.), der Mietvertrag (§§ 535 ff.), der Dienstvertrag (§§ 611 ff.) oder der Werkvertrag (§§ 631 ff.).

Software wird zwar oft zum zentralen Anknüpfungspunkt eines Vertrags gemacht. Die eigentliche Konzeption des BGB-Vertragsrechts unterscheidet aber nach dem Inhalt der eingegangenen Verpflichtung. Mit anderen Worten: Es ist egal, ob man ein Brötchen oder ein Auto einmalig gegen Geld austauscht – in beiden Fällen gilt das Kaufrecht. Softwareverträge können – je nach Inhalt der Vereinbarung zwischen den Parteien – unter verschiedene Vertragstypen fallen. Software kann man einmalig in Form eines Computerspiels auf DVD überlassen (Kauf), zeitweise in der Cloud zur Verfügung stellen (Miete), von einem IT-Portal als Hilfstool-Freeware herunterladen (Schenkung) oder in einem umfassenden IT-Projekt auf die eigenen Bedürfnisse individuell zugeschnitten programmieren (Werk). Eine beispielhafte Übersicht liefert Tabelle 3–1 (Details zu den einzelnen Vertragstypen folgen weiter unten).

Vertragstyp laut BGB	Charakteristik	Beispiele
Kaufvertrag	Es wird ein vorab bekannter Gegenstand verkauft.	Kauf einer Standardsoftware wie z.B. Microsoft Office
Mietvertrag	System wird vom Anbieter zur Verfügung gestellt. Der Anbieter ist für die Funktionsfähigkeit des Systems während der Mietdauer verantwortlich.	■ Nutzung eines Cloud-Service ■ Software as a Service (SaaS)
Dienstvertrag	Der Anbieter stellt die reine Erbringung seiner Dienste zur Verfügung.	Standardsoftware-Pflegeverträge mit limitierten Services (wie z.B. 1st-Level-Telefon-Hotline)
Werkvertrag	Der Anbieter übernimmt die Verantwortung für die erfolgreiche Erstellung eines Werkes.	Individuelle Planung und maßgeschneiderte Programmierung einer auf die spezifischen Bedürfnisse eines Kunden zugeschnittenen Software
Schenkungsvertrag	Der Anbieter überlässt dem Auftraggeber einen Gegenstand oder eine Dienstleistung unentgeltlich.	Nutzung eines Freeware-Tools

Tab. 3–1 *Wichtige Vertragstypen im Überblick*

Der »Softwarevertrag« an sich ist also keine eigenständige Vertragsart, kein »Vertragstyp« wie beispielsweise der Kauf- oder Werkvertrag. Im Laufe der Zeit haben sich allerdings verschiedenste Softwarevertragsarten mit unterschiedlichen Anwendungsbereichen entwickelt. Weit verbreitet sind Verträge zur Softwareüberlassung, Erstellungs- und Entwicklungsverträge, Anpassungsverträge oder Pflege- und Wartungsverträge. In allen diesen (und noch vielen weiteren) Fällen stellt sich daher letztlich die komplizierte Aufgabe, die Besonderheiten von Software vertraglich abzubilden und mit den bestehenden rechtlichen Regelungen in Einklang zu bringen.

Praxistipp:
Es gibt nicht »den« Softwarevertrag. Ein Softwarevertrag ist vielmehr einem der Vertragstypen des BGB zuzuordnen. Die rechtlichen Grundlagen, die den jeweiligen Softwarevertrag regeln, entstammen daher den Normen zu den einzelnen Vertragstypen im BGB, z.B. den Normen des Kaufrechts.

Das bedeutet für agile Verträge im Bereich von Softwareprojekten, dass diese sowohl dem allgemeinen Vertragsrecht des deutschen Zivilrechts unterliegen und gleichzeitig sehr spezifische Regelungsinhalte erfordern, um die agile Methodik in Vertragsform zu gießen. Es lohnt sich daher für das Verständnis von agilen Verträgen, auch die allgemeinen Grundlagen des Vertragsrechts zu kennen.

3.1.1 Vertragsrechtlichtliche Grundlagen

In Deutschland gilt die grundgesetzlich verbürgte »Vertragsfreiheit«. Das ist die Freiheit, seine Lebensverhältnisse durch Verträge eigenverantwortlich zu gestalten. Wesentliche Bestandteile dieser Vertragsfreiheit sind die *Abschlussfreiheit* und die *Inhaltsfreiheit*. Man hat grundsätzlich die Wahl, ob man einen Vertrag schließen will oder nicht. Wenn man das tut, kann man den Inhalt des Vertrags weitestgehend frei bestimmen. Die Vertragsparteien haben es frei in der Hand, was sie untereinander vereinbaren wollen. Das gibt ihnen ein rechtssicheres Instrument an die Hand, um sich über ihre Geschäftsverhältnisse in einer für beide Seiten sinnvollen Weise zu einigen.

Ein Vertrag liegt vor, wenn zwei oder mehr Personen durch übereinstimmende Willenserklärungen (Angebot und Annahme) eine bestimmte *Rechtsfolge*[1] herbeiführen wollen. Bestenfalls geschieht das durch einen ausgefertigten Vertrag, in dem die wesentlichen Inhalte verhandelt und niedergelegt sind und der mit den Unterschriften der Parteien abschließt. Das ist in der Praxis nicht unbedingt selbstverständlich – sogar bei sehr umfangreichen und komplexen Softwareprojekten kommt es vor, dass die Parteien lediglich E-Mails austauschen, kaum aussagekräftige »Order Forms« bestätigen oder sogar komplett ohne Unterlagen zusammenarbeiten. Aber auch dann kommt ein Vertrag zustande – es ist nicht mal die Schriftform notwendig. Im Prinzip reicht der berühmte »Handschlag« aus, auch wenn es dadurch immer wieder Schwierigkeiten mit der Nachvollziehbarkeit des Vertrags bei Streitigkeiten gibt.

Praxistipp:
Je umfangreicher das Projekt, desto eher sollten die Parteien einen schriftlichen Vertrag vereinbaren, in dem die wesentlichen Eckdaten des Projekts und die gegenseitigen Rechte und Pflichten beschrieben werden.

Im Vertrag legen die Parteien selbst und gemeinsam fest, was zwischen ihnen rechtens sein soll. Verträge können deshalb so vielgestaltig wie die Fantasie der Vertragspartner sein. Sie können also beispielsweise einen »klassischen« Projektvertrag schließen und sich darin auf ein Vorgehen nach dem Wasserfallmodell einigen. Sie können aber auch einen »agilen Vertrag« gestalten und festschreiben, dass eine individuelle Software nach der Scrum-Methodik programmiert werden soll.

Grundsätzlich kommt den Parteien dabei die sogenannte »Typenfreiheit« zugute. Einerseits sind viele der besonders häufig vorkommenden Vertragstypen insbesondere im BGB bereits kodifiziert. Dort finden sich die grundlegenden Regeln, die für solche Verträge gelten. Gerade diese Typen sind auch für Softwareverträge immer wieder von Bedeutung. Andererseits können Vertragspartner dank

1. *Rechtsfolge* bezeichnet die rechtlichen Konsequenzen, die sich aus dem Vertrag ergeben.

der Typenfreiheit auch neue Vertragstypen kreieren und so Verträge mit beliebigem Inhalt schließen. Auf diese Weise ist im Laufe der Zeit eine Vielzahl neuer Vertragstypen entstanden, z.B. Franchise- oder Leasingverträge, die so nicht im BGB geregelt sind. Den Parteien steht es also zunächst völlig frei, zu entscheiden, ob sie Software im Wege eines Kaufvertrags überlassen wollen oder lieber im Wege der Miete auf Zeit nutzen.

Rechtlich schwierig wird es, wenn die Parteien sich im Grenzbereich von zwei ähnlichen Vertragstypen befinden. Insbesondere die Frage, ob bei Softwareprogrammierung ein Dienstvertrag, der sich nach Dienstvertragsrecht beurteilt, oder ein Werkvertrag nach Werkrecht vorliegt, erhitzt seit Jahren die Gemüter und kann bezüglich der gegenseitigen Rechte und Pflichten ganz erhebliche Unterschiede nach sich ziehen. Diese Abgrenzungsproblematik besteht bei vielen der häufig vorkommenden Softwareverträge.

Praxistipp:
Die Frage nach dem einschlägigen Vertragstyp und dementsprechend die Zuordnung eines Vertrags zu einem der im BGB geregelten Vertragstypen ist eine der wichtigsten, aber unter Juristen auch am heftigsten umstrittenen Fragen des Softwarevertragsrechts.

Welcher Vertragstyp vorliegt, hängt von der konkreten Leistungsvereinbarung ab, die die Parteien getroffen haben. Diese Leistungsvereinbarung können die Parteien frei treffen. Entscheidend ist, was die Vertragsparteien technisch-wirtschaftlich gewollt haben. Es ist deshalb unerheblich, ob der Vertrag mit »Dienstvertrag« überschrieben ist, wenn die gegenseitigen Rechte und Pflichten klar werkvertragliche Züge haben. Die Bezeichnung stellt nur ein Indiz dar. Im Streitfall muss man die Zuordnung zu einem Vertragstyp durch juristische Auslegung bestimmen. Wenn der Streit eskaliert, muss das ein Richter tun – der oft bisher wenig Erfahrung mit Softwareprojekten hat. Daher ist es umso wichtiger, klare und eindeutige Vertragsstrukturen zu vereinbaren, vom Aufbau des Vertrags bis zur Formulierung der einzelnen Klauseln. Die Abgrenzung der verschiedenen Vertragstypen ist also von besonderer Bedeutung (hierzu unten Näheres). Das zeigt sich immer wieder bei der Vertragsgestaltung für Softwareverträge, und damit auch bei agilen Verträgen.

Die Vertragsfreiheit hat aber auch Grenzen, z.B. gesetzliche Verbote oder das sogenannte »zwingende Recht«. Normalerweise gehen die vertraglichen Regelungen dem Gesetz vor, wenn diese unterschiedlich sind (z.B., wenn man die Mängelhaftung in einem Softwarekaufvertrag zwischen Unternehmen von zwei Jahren auf ein Jahr reduziert). Manche gesetzlichen Regeln stellen aber sogenanntes »zwingendes Recht« dar. Dieses unterliegt nicht der Gestaltungsfreiheit der Parteien. Selbst wenn man hierzu also abweichende Regeln im Vertrag aufstellen würde, würde dennoch die gesetzliche Regelung gelten (z.B., wenn in einem Softwarekaufvertrag mit einem Verbraucher die Gewährleistungsfrist auf weniger als zwei Jahre reduziert wird).

> **Praxistipp:**
> Bei der Vertragsgestaltung herrscht Vertragsfreiheit. Dies beinhaltet die »Typenfreiheit«, wonach die Parteien sich einen Vertragstyp bei ihrer Geschäftsbeziehung aussuchen können. Die Bestimmung des Vertragstyps ist letztlich eine Frage der Leistungen, die die Parteien untereinander vereinbaren. Zudem müssen die Parteien »zwingendes Recht« beachten.

Ein weiteres wichtiges Feld ist das Recht der Allgemeinen Geschäftsbedingungen (AGB). Gerade bei komplexen Softwareverträgen spielen die AGB eine erhebliche Rolle. AGB sind »*alle für eine Vielzahl von Verträgen vorformulierten Vertragsbedingungen, die eine Vertragspartei (Verwender) der anderen Vertragspartei bei Abschluss eines Vertrags stellt*« (§ 305 BGB). Wer also bereits vorbereitete Verträge in der Schublade hat und plant, diese für mindestens zwei bis drei Verträge einzusetzen, muss sich darauf einstellen, dass die darin enthaltenen Klauseln dem AGB-Recht unterliegen. Möglicherweise ist jede einzelne Klausel eines eigentlich von einer Partei (meist dem Verwender[2] der AGB) als »Individualvertrag« verstandenen Softwarevertrags komplett nach AGB-Recht zu beurteilen. Dazu genügt beispielsweise bereits, dass ein Auftragnehmer das Vertragsmuster mehrfach gegenüber verschiedenen Kunden verwendet. Das AGB-Recht dient dazu, den Vertragspartner des Verwenders zu schützen, indem es überraschende oder unangemessene Klauseln für unwirksam erklärt. Obwohl der Verwender also Zeit und Mühe investiert hat, Musterklauseln auszuarbeiten, können unwirksame Klauseln wegfallen und letztlich zu seinem Nachteil gereichen. Gerne wird in AGB z.B. die Haftung erleichtert. Dagegen sieht allerdings § 309 Nr. 7 BGB enge Grenzen vor, an die man sich üblicherweise halten muss. Wird eine einschränkende Haftungsklausel nach AGB-Recht für unwirksam erachtet, gilt der gesetzliche Haftungsrahmen. Das kann bedeuten, dass ein viel weitgehender Haftungsrahmen einschlägig ist, als das in den AGB eigentlich vorgesehen war. Solchen Stolpersteinen gilt es natürlich vorzubeugen.

> **Praxistipp:**
> Im AGB-Recht gilt der »Vorrang der Individualabrede«. Eigentlich nach AGB-Recht unzulässige Haftungsklauseln kann man so ggf. im Wege einer individuell ausgehandelten Vereinbarung dennoch wirksam in den Vertrag einbeziehen. Hier kann gezieltes Verhandlungsgeschick dem Verwender zugutekommen.

Alles in allem steht den Parteien bei Vertragsverhandlungen ein sehr flexibler Rahmen – mit einigen notwendigen Einschränkungen – zur Verfügung: Insbesondere können sie die Besonderheiten des agilen Mindsets und der agilen Problemlösung in ihre Vertragsgestaltung einfließen lassen.

---

2. Der *Verwender* ist die Vertragspartei, die die AGB definiert. Das kann sowohl der Anbieter wie auch der Auftraggeber sein.

3.1.2 Wichtige Vertragstypen im Softwarevertragsrecht

Um die bis hierhin gemachten Feststellungen zu verdeutlichen und später in die Vertragsgestaltung bei agilen Verträgen einfließen zu lassen, werfen wir hier einen genaueren Blick auf die wichtigsten Vertragstypen bei Softwareverträgen. Wir betrachten den Kaufvertrag, Werkvertrag, Dienstvertrag und Werklieferungsvertrag.

Kaufvertrag

Der Kaufvertrag verpflichtet den Verkäufer einer Sache, dem Käufer die Sache zu übergeben und ihm das Eigentum an der Sache zu verschaffen. Die Sache muss frei von Sach- und Rechtsmängeln sein. Demgegenüber ist der Käufer verpflichtet, dem Verkäufer den vereinbarten Kaufpreis zu zahlen und die gekaufte Sache abzunehmen. Das bestimmt § 433 BGB. Das Kaufrecht regelt demnach einen einmaligen Leistungsaustausch, die Überlassung eines verkehrsfähigen Gutes gegen Zahlung eines Einmalentgeltes. Etwas ist verkehrsfähig, wenn es die gesetzlichen Anforderungen bezüglich Produktion, Einfuhr und Handhabungssicherheit erfüllt.

Ein Kaufvertrag liegt meistens vor, wenn Standardsoftware auf Dauer überlassen wird. Das ist z.B. der Fall, wenn einfache »Massen«-Software in einem Kaufhaus erworben wird. Es kann aber auch ein Kaufvertrag vorliegen, wenn sich ein bestimmtes Unternehmen eine neue Software anschaffen möchte, die ein IT-Dienstleister für bestimmte Prozesse allgemein »vorgefertigt« hat, z.B. ein einfaches Tool für den Lagerbestand.

> **Praxistipp:**
> Der Erwerb von einfacher Standardsoftware ist meistens ein Kaufvertrag. Weitere verbreitete Termini sind »Softwarelizenzvertrag« oder »Softwareüberlassung«. Oft muss man nach dem Kauf noch einer Lizenzvereinbarung zustimmen (End User License Agreement, EULA) und dort findet sich dann eine Klausel, nach der »kein Eigentum an der Software« übertragen werde. Das ist mindestens missverständlich und ändert nichts am Vorliegen eines Kaufvertrags. Es genügt sogar für einen Kaufvertrag, wenn man eine Kopie der Software zum Download anbietet. Das hat auch der Europäische Gerichtshof bestätigt (EuGH, Urteil vom 3. Juli 2012, Rs. C-128/11).

Das Kaufvertragsrecht sieht spezielle Vorschriften für die Mängelgewährleistung vor. Sofern die verkaufte Software mangelhaft ist, stehen dem Käufer gegenüber dem Verkäufer bestimmte Rechte zu: Nacherfüllung, Minderung des Kaufpreises, Rücktritt oder sogar Schadensersatz. Die Zahl der Nacherfüllungsversuche ist üblicherweise auf zwei Versuche beschränkt. Der eher »einfache« Kaufvertrag kommt bei komplexen Projekten kaum vor. Das Kaufrecht kann sich aber über den »Werklieferungsvertrag« als tückisch erweisen (dazu gleich mehr).

Werkvertrag

Durch den Werkvertrag wird der Anbieter zur Herstellung des versprochenen Werkes, der Besteller zur Entrichtung der vereinbarten Vergütung verpflichtet (§ 631 BGB). Gegenstand des Werkvertrags kann sowohl die Herstellung oder Veränderung einer Sache als auch ein anderer durch Arbeit oder Dienstleistung herbeizuführender Erfolg sein. In diesem Sinne kann ein Vertrag zur Unternehmensberatung ein Werkvertrag sein – wenn der Anbieter einen bestimmten Erfolg verspricht.

Gerade bei der Softwareentwicklung wird häufig angenommen, dass es sich um einen Werkvertrag handelt. Die auf die Bedürfnisse des Bestellers zugeschnittene Programmierung und das daraus entstehende Programm kann dann als vertraglicher Erfolg verstanden werden.

Wesentlicher Bestandteil eines Werkvertrags ist die *Abnahme*. Der Besteller ist grundsätzlich verpflichtet, das vertragsmäßig hergestellte Werk abzunehmen. Nur nach wirksamer Abnahme entsteht für den Werkschaffenden der Vergütungsanspruch. Beim Softwarevertrag führt dies häufig dazu, dass erbittert über die Frage gestritten wird, ob eine fertige Software wirklich vertragsgemäß erstellt wurde.

Erschwerend kommt hinzu, dass unter Juristen und letztlich auch unter Vertragsparteien häufig umstritten ist, ob es sich bei der Softwareentwicklung um einen Werkvertrag oder eine andere Vertragsart handelt. Insbesondere die Abgrenzung zur Sonderform des sogenannten »Werklieferungsvertrags« oder zum Dienstvertrag ist häufig nur schwer zu treffen.

Praxistipp:
Grob kann man sagen, dass in der Praxis der Auftragnehmer eher ein Interesse daran hat, den Vertrag als Dienstvertrag zu gestalten. Dem Auftraggeber wird hingegen eher daran gelegen sein, dass es sich um einen Werkvertrag handelt. Grund sind insbesondere die unterschiedlichen Pflichten hinsichtlich der Vertragserfüllung und der Mängelhaftung.

Da umfangreiche Softwareprojekte oft dem Werkvertragsrecht unterliegen, kann dieser Vertragstyp auch ein Anknüpfungspunkt für die agile Vertragsgestaltung sein.

Dienstvertrag

Durch den Dienstvertrag wird derjenige, der Dienste zusagt, zur Leistung der versprochenen Dienste, der andere Teil zur Gewährung der vereinbarten Vergütung verpflichtet (§ 611 BGB). Gerade im Bereich der Softwareentwicklung ist die Abgrenzung zwischen einem Dienstvertrag und einem Werkvertrag ein »Dauerbrenner«. Das liegt unter anderem daran, dass sich Dienstleistung und Werkleistung zunächst nicht unterscheiden. Sowohl bei der Herstellung eines Werkes als auch bei der Erbringung einer Dienstleistung ist der Einsatz von Arbeitskraft unverzichtbar. Anders als beim Werkvertrag schuldet der Auftragnehmer beim Dienstvertrag allerdings keinen konkreten Erfolg.

Das ist ein ganz wesentlicher Unterschied: Beim Dienstvertrag steht die ordnungsgemäße Erbringung der Dienstleistung im Vordergrund, beim Werkvertrag die Herstellung eines bestimmten Erfolgs. Plastisch gesprochen schuldet ein Auftragnehmer beim Dienstvertrag nur das »Bemühen«. Gerade wenn es darum geht, herauszufinden, ob eine Software ordnungsgemäß erstellt wurde, kann sich die Abgrenzung zwischen »dauerhafter Programmierleistung« und »Herstellung erfolgreich laufender Software« deshalb als entscheidend erweisen, insbesondere aus Sicht des Auftraggebers.

Ein weiterer wichtiger Unterschied ist, dass es beim Dienstvertrag keine spezifische Regelung zur Gewährleistung gibt. Eine schlechte Erfüllung eines Dienstvertrags kann möglicherweise Schadensersatzansprüche auslösen. Verschuldensunabhängige Mängelansprüche, wie beispielsweise die Nacherfüllung oder der Rücktritt beim Werkvertrag, existieren jedoch nicht. Damit steht einem Auftraggeber bei einem misslungenen Projekt ein erheblich verringerter Rechtekanon zur Verfügung.

Zugunsten des Auftragnehmers gibt es daher keinen dem Werkvertrag vergleichbaren Erfolgsdruck und es besteht ein eher eingeschränktes Haftungsregime. Mag es deshalb auch verlockend erscheinen, einen Dienstvertrag mit dem Auftraggeber abzuschließen, muss dies letztlich im Vertrag selbst anhand der Pflichten erkennbar sein. Wie beschrieben, bestimmt sich der Vertragstyp nämlich nicht einfach nach der Benennung des Vertrags, sondern anhand der einzelnen Leistungspflichten.

Praxistipp:
Die Abgrenzung zwischen Dienstvertrag und Werkvertrag bei umfangreichen Softwareprojekten ist ein »Klassiker« – sowohl für Auftragnehmer als auch Auftraggeber stellt sie erhebliche Weichen. Der BGH hat in einem vielbeachteten Urteil fast beiläufig festgestellt, dass »*ein Vertrag über die Erstellung oder Bearbeitung einer speziellen, auf die Bedürfnisse des Auftraggebers abgestimmten Software regelmäßig als Werkvertrag im Sinne der §§ 631 ff BGB, unter Umständen auch als Werklieferungsvertrag im Sinne von § 651 BGB, anzusehen*« ist (BGH, Urteil vom 04. März 2010, Az. III ZR 79/09).

Werklieferungsvertrag

Die Debatte um die Abgrenzung verschiedener Vertragstypen hat die Einführung des § 651 BGB im Jahr 2002 erneut befeuert. Danach ist auf einen Vertrag, »*der die Lieferung herzustellender oder zu erzeugender beweglicher Sachen zum Gegenstand hat*«, Kaufrecht anzuwenden. Hier gibt es gleich zwei Punkte, die die Rechtswissenschaft entzweien: Erstens stellt sich bei einem Softwareentwicklungsvertrag die Frage, ob die Lieferung gegenüber der Erstellung der Software derart im Vordergrund steht, dass es geboten erscheint, Kaufrecht anzuwenden. Zweitens muss man sich die Frage stellen, ob Software als bewegliche Sache zu qualifizieren ist. Hierbei handelt es sich um nichts weniger als eines der am heftigsten umstrittenen Probleme rund um die Computersoftware.

In der Rechtswissenschaft wird dazu eine große Bandbreite an Argumentationslinien mit unterschiedlichen Ergebnissen vertreten. Dies hilft in der Praxis leider wenig. Auch die Rechtsprechung hat sich hier schon mehrfach geäußert – zum Leidwesen der Diskussion aber ebenfalls nicht immer ganz eindeutig oder nur in einem anderen Zusammenhang. Es muss also leider für jeden Einzelfall genau geprüft werden, welche Vertragsform vorliegt.

Zumindest die Eckpunkte einiger Entscheidungen des Bundesgerichtshofs (BGH) helfen, um eine eigene Einordnung von Softwareentwicklungsverträgen vornehmen zu können. In der Praxis gilt es als weitgehend anerkannt, dass Software als »bewegliche Sache« gilt, weil sie zur Funktion auf einem Datenträger fixiert sein muss. Der BGH hat dies als Kunstgriff vor einiger Zeit einmal so festgelegt, sodass man dies (zumindest derzeit noch) als »gesetzt« bezeichnen kann.

Praxistipp:
Der BGH hat mehrfach entschieden, dass Software eine »bewegliche Sache« im Sinne des BGB ist. Demnach kann man beispielsweise einen ASP[a]-Vertrag als Mietvertrag qualifizieren: Der Mietvertrag setzt eine »Mietsache« voraus. Nach dem BGH ist dies bei Software der Fall, weil sie (notwendigerweise) auf einem Speichermedium »verkörpert« sein muss (BGH, Urteil vom 15. November 2006, Az. XII ZR 120/04).

a. ASP: Application Service Providing.

Der BGH sagt weiterhin, dass nicht Kaufrecht über § 651, sondern Werkvertragsrecht anwendbar ist, wenn die Lieferung einer beweglichen Sache mit Planungs-, Konstruktions-, Integrations- und Anpassungsleistungen zusammenhängt und diese Leistungen für den Gesamterfolg des Vertrags von wesentlicher Bedeutung sind. Dies kann man für ein komplexes Softwareentwicklungsvorhaben durchaus bejahen. Der BGH sagt zudem, dass ein wesentliches Abgrenzungskriterium auch sein kann, ob eine geistige Leistung einerseits oder die bloße Beschaffung, Herstellung und Montage von Teilen im Vordergrund stehen. Die komplexe Softwareentwicklung passt eher in die erste Kategorie.

Praxistipp:
Liegt bei der Softwareentwicklung ganz erhebliches Gewicht auf dem Planungsanteil, dürfte es sich um einen Werkvertrag handeln. Das Gleiche gilt, wenn die Lieferung von funktionierender Software gegenüber dem Schöpfungsvorgang (sowohl durch Planung oder auch aufwendiger Programmierung) nur untergeordnete Bedeutung hat.

Im Bereich agiler Vorgehensweisen ist zudem Folgendes zu überlegen: Die Methodik der Softwareerstellung verändert sich. Moderne Alternativen beinhalten eine besondere Flexibilität und eine erheblich erhöhte Kooperation zwischen den Vertragsparteien. Anstatt langgezogener Entwicklungsphasen dominieren inkrementelle Entwicklungsstufen. Das deutet ganz klar an, dass Planung und Konzeption besonders anspruchsvoll sind. Das schließt die Anwendung von Kaufrecht nach § 651 BGB eher aus.

Im Endeffekt muss man bei der agilen Vertragsgestaltung dafür sorgen, dass die Zuordnung des eigenen Vertrags zu einem bestimmten Vertragstyp möglichst eindeutig ist. Es existieren verschiedene Argumentationsmuster, und jede Partei wird eher auf den für sie vorteilhaften Auswirkungen beharren. Zu unterschiedlich sind die Vor- oder Nachteile für die jeweils andere Partei.

Dabei hält nicht nur die Vertragstypologie rechtliche Fallstricke bei der Vertragsgestaltung bereit. Auch die Besonderheiten agiler Vorgehensweisen und deren rechtliche Auswirkungen müssen bei der Vertragsgestaltung besonders berücksichtigt werden. Beides wird unten nochmals gesondert behandelt.

3.1.3 Warum »vertragstypologische Einordnung«?

Warum ist eine rechtliche Einordnung überhaupt so wichtig? Wichtige Gründe haben wir bereits bei der Vorstellung der wichtigsten Vertragstypen kennengelernt. Die »vertragstypologische Einordnung« spielt darüber hinaus noch bei anderen Punkten der Vertragsgestaltung eine Rolle. Sie durchzieht die gesamte Vertragsgestaltung.

Wegen der vertraglichen Inhalts- und Typenfreiheit muss nicht jeder Vertrag exakt einem gesetzlichen Leitbild entsprechen. Wer einen ASP-Vertrag schließt, muss nicht alle Regeln des BGB-Mietrechts abschreiben. Vielmehr können die Parteien Regeln anpassen oder ausschließen. Wenn die Parteien sich aber hinsichtlich bestimmter Regelungsinhalte uneinig sind, können die Regelungen zu einem bestimmten Vertragstyp als Rettungsanker aushelfen – dazu muss man aber den Vertragstyp bestimmen. Wenn ein Vertrag zu einem bestimmten Punkt gar keine Abrede zwischen den Parteien enthält, gilt das, was dazu im Gesetz steht. Man muss daher den Vertrag einem Vertragstyp zuordnen, um die gesetzliche Regelung anwenden zu können.

Ferner ist das sogenannte »zwingende Recht« eines bestimmten Vertragstyps unter allen Umständen von den Parteien zu berücksichtigen (siehe dazu schon oben das Beispiel zur Verjährung der Mängelhaftung). Davon können die Parteien auch vertraglich nicht abweichen. Will man also herausfinden, ob es gesetzlich verpflichtende Vorschriften zu einem bestimmten Vertragstyp gibt, muss man ebenfalls den Vertragstyp bestimmen.

Wenn der Vertrag einem Typ zugeordnet wird, hilft das außerdem, sein gesetzliches »Leitbild« zu bestimmen. Dieses Leitbild kann sich auf die Wirksamkeit von AGB auswirken. Individuelle AGB-Klauseln können nämlich unwirksam sein, wenn sie dem gesetzlichen Leitbild des Vertragstyps, dem sie zuzuordnen sind, widersprechen. Ein Beispiel: § 305c BGB definiert, dass Bestimmungen in Allgemeinen Geschäftsbedingungen, »*die nach den Umständen, insbesondere nach dem äußeren Erscheinungsbild des Vertrags, so ungewöhnlich sind, dass der Vertragspartner mit ihnen nicht zu rechnen braucht*«, nicht Vertragsbestandteil werden. Es kann also passieren, dass eine Vertragsklausel so ungewöhnlich ist, dass sie nicht Vertragsbestandteil wird, was durchaus im Sinne des (durch die Klausel benachteiligten) Vertragspartners sein kann. Um das bestimmen zu können, muss man prüfen, ob die Klausel »objektiv ungewöhnlich« ist – dabei muss man insbesondere das vertragliche Leitbild heranziehen.

Gerade beim so wichtigen Softwareerwerb stehen sich immer wieder Kaufrecht und Werkvertragsrecht gegenüber. Diese beiden Vertragstypen beinhalten jedoch teilweise sehr unterschiedliche Regelungen: Beim Kaufvertrag ist die Vergütung bereits ab Vertragsschluss fällig. Beim Werkvertrag ist die Vergütung erst bei der Abnahme des Werkes zu entrichten. In der Praxis der Softwareentwicklung macht das einen ganz erheblichen Unterschied, da dieses als »Preisgefahr« bekannte Risiko beim Kauf der Auftraggeber, beim Werkvertrag der Auftragnehmer trägt.

Es ist ebenfalls von Bedeutung, dass der Auftraggeber bei einem Kauf zwischen Unternehmern, nachdem die Software bereitgestellt wurde, die sogenannte handelsrechtliche *Rügeobliegenheit* beachten muss. Das bedeutet, der Käufer muss die Software unverzüglich (in der Regel innerhalb von zwei bis drei Tagen, bei aufwendiger Software eventuell mehr, aber immer unter ganz erheblichem Zeitdruck) auf Fehler untersuchen und, wenn er Mängel feststellt, diese sofort anzeigen. Unterlässt er dies, sind ihm Mängelrechte unter Umständen abgeschnitten – bei einer komplexen Software undenkbar.

Nicht zu unterschätzen ist auch, dass die Sachmängelhaftung bei unterschiedlichen Vertragstypen ganz unterschiedlich ausfallen kann. Von einem umfangreichen Pflichtenkatalog bei Mängeln bis hin zu fehlendem Mängelrecht, unterschiedlichen Fristen und komplizierten Sonderregelungen ist mal der eine, mal der andere Vertragstyp für eine Vertragspartei von großem Vorteil oder erheblichem Nachteil. Bestes Beispiel: der Unterschied zwischen den Regeln des Werkvertrags und denen des Dienstvertrags.

Dies sind nur einige von vielen Beispielen, die die erheblichen Unterschiede beider Vertragstypen deutlich machen, aber auch generell aufzeigen, warum eine vertragliche Einordnung von enormer Wichtigkeit ist. Und last but not least gilt: Einen Blick auf die Grundgedanken der gesetzlichen Regelungen der einzelnen Vertragstypen wird schließlich immer auch ein Richter werfen. Sofern eine vertragliche Auseinandersetzung also einmal eskaliert, kann ein juristisch stimmiges Konzept eine verlässliche, vorhersehbare Entscheidungspraxis stützen.

Praxistipp:
Für die meisten Vereinbarungen im Bereich agiler Verträge existieren gesetzliche Regelungen, die als Grundlage für das Vertragsverhältnis gelten. Es empfiehlt sich gerade im eher speziellen und neuartigen Bereich agiler Verträge, bereits vorab festzustellen, zu welchem Vertragstyp der abgeschlossene Vertrag zählen soll. Das beeinflusst maßgeblich die gegenseitigen Rechte und Pflichten der Parteien bei der Vertragserfüllung – und damit potenziell schon die Vertragsverhandlungen.

3.1.4 Zwischenfazit

Für Praktiker ist es wichtig, auf Basis eines Vertrags arbeiten zu können, der den Interessen der Vertragspartner angemessen Rechnung trägt. Dafür lohnt es sich, die rechtlichen Grundlagen zu verstehen, die der konkreten Ausgestaltung eines Softwareentwicklungsprojekts zugrunde liegen. Die gegenseitigen Vertragspflichten müssen die Vertragspartner verlässlich bestimmen können. Das dient letztlich dazu, die einzelnen Rechte und Pflichten innerhalb eines Vertrags besser einschätzen und befolgen zu können.

Sowohl für den Auftraggeber als auch für den Auftragnehmer besteht oft eine erhebliche Rechtsunsicherheit bei der Vertragsgestaltung: Um welchen Vertragstyp handelt es sich und welche Regeln sind einschlägig? Ist eine Abnahme notwendig oder nicht? Welche Gewährleistungsregeln gelten, und wie lange? Es hilft, sich bei der Vertragsgestaltung die Merkmale der wichtigsten Vertragstypen in Erinnerung zu rufen.

Auch agile Verträge lassen sich in aller Regel unter einen der oben beschriebenen Vertragstypen fassen. Im Bereich agiler Programmierung kommen gegenüber »klassischen« Entwicklungsweisen zudem noch weitere Besonderheiten hinzu, die sich sowohl auf die rechtliche Einordnung auswirken als auch allgemein für die Vertragsgestaltung in diesem Bereich von Bedeutung sind. Im Folgenden sollen daher die Grundlagen des »Rechts agiler Verträge« dargestellt und deren Besonderheiten bei der Vertragsgestaltung genauer beleuchtet werden.

3.2 Agiler Vertrag – agile Vertragsgestaltung

Dem allgemeinen Aufbau von Verträgen folgend, kann auch bei agilen IT-Verträgen grundsätzlich ein gewisser grundlegender Aufbau empfohlen werden: Die Präambel führt in den Vertrag ein und beschreibt Hintergrund und Zweck des Vertrags. Damit wird einerseits der operative Rahmen abgesteckt und eine Hilfestellung bei Auslegungsfragen gegeben: Wie eine bestimmte Regelung des Vertrags zu verstehen ist, kann oftmals besser beantwortet werden, wenn man weiß, unter welchen Umständen und mit welchem Ziel die Parteien einen Vertrag geschlossen haben.

Dem schließen sich in der Regel die Benennung der Hauptleistungspflichten, eine »agile Leistungsbeschreibung«, an. Sie stellen die wichtigsten gegenseitigen Rechte und Pflichten dar. Sie sind der Grund, warum die Parteien überhaupt kooperieren: Der Vertrag manifestiert mit der Beschreibung der Leistungspflichten den gegenseitigen Leistungsaustausch zwischen den Parteien. Dem folgen oft die Nebenleistungspflichten, die Pflichten, die nicht den primären Leistungsaustausch betreffen.

Besonderes Augenmerk genießen zudem Regelungen zur Leistungsstörung und Haftungsklauseln. Hier wird geregelt, was zwischen den Parteien gelten soll, wenn die Erbringung der Leistung ins Wanken gerät oder Schäden entstehen. Am Ende runden Schlussbestimmungen den Vertrag ab. Insgesamt orientiert sich die Vertragsgestaltung sozusagen am »gelebten« Vertrag. Es sollte ein roter Faden erkennbar sein, von vorvertraglichen Tätigkeiten und Zielen (Präambel) über die Durchführung des Vertrags (Haupt- und Nebenleistungspflichten) und eventuelle Ausrutscher (Leistungsstörungen und Haftung) bis hin zur Abwicklung des Vertrags (Schlussbestimmungen).

Praxistipp:
Auch agile Verträge sind in der Regel Verträge zum Softwareerwerb. Bei ihnen kommen daher grundsätzlich die gleichen Inhalte zum Tragen, die auch bei einem Softwareerstellungsvertrag oder bei einem IT-Projektvertrag verwendet werden – unter starker Berücksichtigung der Besonderheiten der agilen Entwicklung.

Bei einem agilen IT-Projektvertrag kann auf folgendes Grobmuster zurückgegriffen werden, das die wesentlichen Punkte für die Vertragsgestaltung benennt:

- Präambel, Projekthintergrund, Projektziel
- **Leistungsgegenstand**
- **Beschreibung der agilen Methodik**
- **Beschreibung der Rollen**
- **Mitwirkungspflichten**
- Dokumentation, Pläne
- Reports, Statusberichte
- Leistungsänderungen, Change-Request-Verfahren
- **Testverfahren, Abnahmeprüfung**
- **Vergütungsregeln**
- **Nutzungsrechte**
- Quellcode-Überlassung
- Einweisung, Schulung
- **Sachmängelhaftung**
- **…tung und Haftungsbegrenzungen**
- **…hrung**
- …herungen

- Geheimhaltung, Datenschutz
- Mediationsverfahren
- **Vertragsbeendigung**
- Sonstige Bestimmungen
- Anlagen

Je nach Parteiwillen oder auch Projekteigenheiten kann diese Aufzählung mitunter stark variieren. Sie kann aber gleichwohl eine erste gute Orientierung bieten zu dem, was in der täglichen softwarevertraglichen Praxis gang und gäbe ist. Auf den fett hervorgehobenen Punkten liegt üblicherweise das Hauptaugenmerk. Außerdem kommt ihnen bei agilen Verträgen eine besondere Bedeutung zu, da sie entweder originär bei agilen Verträgen zu regeln sind oder immerhin gegenüber Verträgen zu klassischen Vorgehensweisen besonderer Anpassung im Hinblick auf agile Programmierung bedürfen.

Was wiederum bei IT-Projektverträgen nach klassischen Vorgehensweisen geregelt würde, hier aber fehlt, weil es das agile Mindset nicht trifft (obwohl es natürlich nicht ausgeschlossen ist, sich auch darüber in einem agilen Vertrag zu verständigen), sind beispielsweise die Festlegung von Meilensteinen, strenge Verzugsregelungen oder Projektorganisation und Projektkommunikation (das ergibt sich eher aus der Beschreibung der agilen Methodik).

Praxistipp:
Der BITKOM hat 2016 eine »Praxishilfe Ausgewogene Vertragskonzepte« herausgegeben. Es handelt sich um Erläuterungen und Empfehlungen für die Formulierung von IT-Projektverträgen. Da sich die Inhalte bei solchen Projektverträgen im Vergleich mit agilen Projekten zumindest vom groben Aufbau vielfach ähneln, kann er auch bei der agilen Vertragsgestaltung eine hilfreiche Ergänzung sein. Die Praxishilfe kann man unter *www.bitkom.org/Bitkom/Publikationen/Bitkom-Empfehlungen-zu-ausgewogenen-Vertragskonzepten.html* herunterladen.

3.3 Besonderheiten agiler Vorgehensweisen und rechtliche Auswirkungen

Mit der fortwährenden Entwicklung immer innovativerer Software hat sich ein großer Bedarf an komplexen Entwicklungsprojekten ergeben. Dieser wächst sogar immer weiter, was insbesondere der unaufhaltsamen Digitalisierung aller Lebensbereiche wie auch neuen Nutzungsformen (z.B. im Bereich autonomer Systeme, derzeit bestes Beispiel: das »Connected Car«) geschuldet ist. Die Verschmelzung verschiedener Anwendungsbereiche (im »Internet of Things« oder bei Industrie 4.0) und die fortschreitende Medienkonvergenz tun ihr Übriges.

Komplexe Projekte nach klassischem Vorgehen erfordern in der Regel einen hohen Spezialisierungsgrad und ihnen liegt häufig eine lange Planungsphase zugrunde. Die fertige Software perfekt auf die Bedürfnisse eines Auftragnehmers zuzuschneiden, ist eine der größten Herausforderungen eines solchen Projekts überhaupt. Zudem kann die lange Dauer und die damit verbundenen hohen Kosten abschrecken. Solchen Projekten lastet von vornherein der Gedanke an, dass sie unflexibel und starr vonstattengehen. Projekte nach dem althergebrachten Schema mit Lastenheft und Pflichtenheft (siehe dazu Kap. 2) und mit einer festen Anforderungsspezifikation weichen daher immer öfter modernen Alternativen der agilen Entwicklung. Die agilen Vorgehensweisen auch in den zugrunde liegenden Vertragsentwurf zu übertragen und daher den tatsächlichen Parteiwillen in eine verlässliche vertragliche Form zu gießen, ist eine besondere Herausforderung bei der Vertragsgestaltung. Auch hier begegnet uns wieder die softwarerechtliche Problematik, welcher konkrete Vertragstyp bei einem agilen Projekt einschlägig ist.

3.3.1 Softwaretypische Interessenlage

Vorab hilft es, sich die softwaretypische Interessenlage zu verdeutlichen. Sie ist zumindest mittelbar der Grund, warum und vor allem mit welchen Inhalten die Parteien sich vertraglich binden. Die softwaretypische Interessenlage ist dabei oft an »klassischen« Softwareprojekten ausgerichtet (siehe dazu Kap. 2).

Die wesentlichen Tätigkeiten eines Softwareanbieters liegen herkömmlich in der aufwendigen Planung und Programmierung von Software. Dabei kommt ihm fachspezifisches Know-how zugute, beispielsweise wenn er sich mit der Branche, für die er programmiert, gut auskennt. Ein gutes Beispiel sind Programme für die Steuerung komplexer Industriemaschinen. Der Grad seines programmiertechnischen Könnens verschafft ihm Vorteile bei der eigentlichen Erstellung von Software. Je deutlicher beides ausgeprägt ist, desto innovativer und zielführender kann der Anbieter arbeiten. Das macht ihn vielleicht auch geeigneter für bestimmte Projekte, sicherlich aber auch teurer gegenüber der Konkurrenz. Er muss seinen Aufwand kontrollieren, seine Kosten decken und Gewinn erwirtschaften. Er hat zudem einen umfassenden Schutzbedarf, was seine Arbeiten angeht.

Diese Interessen gilt es in Einklang zu bringen mit den Interessen eines Anwenders. Dieser hat ein überragendes Interesse daran, ein Programm zu erhalten, was sich für die Lösung seiner Aufgabenstellung bestmöglich eignet. Er möchte ein qualitativ hochwertiges Produkt erwerben, mit umfassender Funktionalität, frei verfügbar und zum möglichst niedrigen Preis. Diese Interessen müssen aufeinander abgestimmt werden.

Dies lässt sich durch vertragliche Abreden erreichen. Verträge stellen eine bekannte und bewährte Methode dar, verschiedene Parteiinteressen einander anzunähern und schriftlich festzuhalten. Bei klassischen IT-Projekten kann das dazu führen, dass die Verträge als starr und unflexibel wahrgenommen werden.

Diese »reine« softwaretypische Interessenlage führt jedoch nicht notwendigerweise dazu, dass man bei der Vertragsgestaltung für Softwareverträge nicht flexibel sein und diese nicht agil gestalten kann. Mit anderen Worten: Jedes Softwareprojekt hat zunächst grundsätzlich das Potenzial, mit agiler Methodik durchgeführt zu werden (es sei denn, dazu besteht kein Bedarf, vgl. Abschnitt 2.1). Wenn man dies vertraglich abbilden möchte, muss man die gegenseitige Interessenlage mit den agilen Prinzipien in Einklang bringen. Man muss »agile Verträge« schaffen. Wie das geht, sollen die folgenden Ausführungen zeigen.

3.3.2 Agiles Mindset in Vertragsform gießen

Genauso wenig, wie es »den einen« Softwarevertrag gibt, gibt es »den einen« agilen Entwicklungsvertrag. Jedes Projekt hat seine Eigenheiten, die sich bei der Vertragsgestaltung widerspiegeln müssen. Um aber überhaupt einen verlässlichen »agilen Vertrag« zu stricken, müssen auch das agile Mindset und die Prinzipien agiler Problemlösung in den Vertrag einfließen. Das kann sich als schwieriger als gedacht erweisen. Denn die Eigenheiten agiler Verträge weichen teilweise erheblich von klassischen IT-Projektverträgen ab. Die Beweglichkeit der Projektziele fordert eine besonders hohe Flexibilität unter den Vertragsparteien.

Agile Vorgehenweisen gehen mit einer erhöhten Dynamik einher, weil sie auf feste und umfangreiche Anforderungsspezifikationen verzichten. Vordefinierte Prozesse, Dokumentationen und Pläne treten in den Hintergrund. Das lauffähige Programm steht immer über der umfassenden Dokumentation (die Dokumentation steht bei klassischen Softwareprojekten hingegen weit oben auf der Liste der Prioritäten). Manche IT-Vertragsrechtler sind quasi von Anfang an mit der fundamentalen Bedeutung der Dokumentation sozialisiert worden [Koch 2010]. Entsprechend schwer fällt es ihnen womöglich, pauschal auf eine Dokumentation zu verzichten.

Die Planungsphase wird bei agiler Vorgehensweise auf ein Minimum reduziert. Sie ist hingegen wesentlicher Bestandteil klassischer Entwicklungsmethoden und sorgt dafür, dass Lasten- und Pflichtenheft als Orientierungspfeiler überhaupt existieren. Statt ihrer entscheiden iterative Prozesse und flexible Aufgaben- und Verantwortungsverteilung über die inhaltliche Ausgestaltung des Entwicklungsvorgangs. Das Projekt wird sich umso mehr von den Prinzipien der agilen Entwicklung entfernen, je mehr Regelungen zur Planung und Risikoverteilung ein Vertrag enthält [Witte 2010].

Bei der agilen Softwareentwicklung ist eine gegenüber klassischen Entwicklungsmethoden deutlich intensivere Zusammenarbeit zwischen Auftraggeber und Auftragnehmer notwendig. Der Austausch während des tatsächlichen Entwicklungsvorgangs findet verstärkt und kontinuierlich statt. Klassische Verträge folgen eher dem Modell klassischer Problemlösung. Agile Verträge müssen daher das Modell agiler Problemlösung in sich tragen (siehe Kap. 2).

Leider ist es nicht möglich, die für die meisten agilen Vorgehensweisen typischen Attribute des Vertrauens und gegenseitigen Respekts, oder auch der Spontaneität, justiziabel in einem Vertrag zu vereinbaren (siehe [Lapp 2010)]. Es können und sollten allerdings Vorgehensweisen vereinbart werden, die eine vertrauensvolle Zusammenarbeit fördern (siehe dazu auch die Ausführungen in Kapitel 2). Ziel sollte es daher sein, dass die Parteien sich an den Vertrag halten, indem sie diese vereinbarten Vorgehensweisen beachten. Jedes agile Vorgehen stößt dort an Grenzen, wo die Akteure sich nicht an die Prinzipien halten oder die vertragliche Gestaltung diesen zuwider läuft. Man kann und sollte daher agiles Vorgehen als »Modus Operandi« vertraglich regeln. Für IT-Juristen bedeutet das letztlich, den »Scrum-Bierdeckel« (siehe Abb. 1–1) in eine saubere vertragliche Form zu gießen und dabei den »korrekten« Vertragstyp im Blick zu behalten.

3.3.3 Vertragliche Einordnung bei agiler Softwareentwicklung

Da es sich bei agilen Verträgen um Softwareverträge handelt, begegnet uns auch hier wieder die Frage der Einordnung eines agilen Vertrags unter die BGB-Vertragstypen. In der Rechtswissenschaft ist man sich uneins, ob es sich bei agilen Entwicklungsverträgen beispielsweise um Dienst-, Werklieferungs- oder Werkverträge handelt. Sicher ist nur: Pauschal lässt sich keine Antwort finden. Es hängt von den einzelnen Leistungspflichten und der Ausgestaltung des Vertrags ab. Dabei sind die Besonderheiten agiler Entwicklung mit in die Bewertung einzubeziehen.

Insbesondere aufgrund der intensiven Zusammenarbeit zwischen Auftraggeber und Auftragnehmer wird die Auffassung vertreten, dass der Gesellschaftsvertrag als mögliche Grundlage in Betracht kommt. Eine Gesellschaft bürgerlichen Rechts (GbR) liegt bereits dann vor, wenn mindestens zwei Personen auf der Grundlage eines Vertrags einen gemeinsamen Zweck fördern. Schon das kollektive Zusammenwirken kann dabei einen konkludenten Vertragsschluss darstellen – sogar, wenn die Parteien dies gar nicht konkret niederschreiben.

Dass die Parteien einen gemeinsamen Zweck bei der Softwareentwicklung verfolgen, ist sicher richtig. Allerdings dürfte allein die enge Zusammenarbeit in der Regel nicht dazu führen, dass dadurch eine gleichberechtigte Stellung der Vertragspartner erreicht wird. Vielmehr dürfte es bei den vertraglichen Abreden dabei bleiben, dass jede Partei ihre gegenseitigen Pflichten eigenverantwortlich erbringen muss. Meist wird daher kein Gesellschafts-, sondern ein Austauschvertrag vorliegen und dies auch dem beiderseitigen Parteiwillen am nächsten kommen.

Eher problematisch ist – wie auch bereits allgemein bei Softwareentwicklungsverträgen ausgeführt – die Abgrenzung zwischen Dienstvertrag und Werkvertrag einerseits sowie Werklieferungs- und Werkvertrag andererseits.

Würde man Entwicklungsverträge dienstvertraglich ausgestalten, läge dies fast ausschließlich im Interesse des Auftragnehmers. Denn hier lägen die Projektverantwortung und das Fertigstellungsrisiko zu einem ganz erheblichen Teil beim Auftraggeber. Dies ist aber meistens wenig interessengerecht. Wenn Pair Programming oder eine On-Site-Customer-Situation vereinbart wurde, wäre aus rechtlicher Sicht nur in den seltensten Fällen dem Auftraggeber das Scheitern des Projekts zumutbar. Hinzu kommt, dass durchaus die Situation vorliegt, dass der Auftraggeber den Product Owner stellt und das Entwicklungsteam durch den Anbieter gestellt wird. Hier liegt eine weitgehend gemeinschaftliche Leistung vor, die eine entsprechende Aufteilung des Risikos erfordert. Ob in einem solchen Fall Werk- oder Dienstvertragsrecht anzuwenden ist, bestimmt sich dann danach, wie die konkreten Leistungspflichten im Einzelfall verteilt sind. Einiges spricht dann für das Dienstvertragsrecht: Der Product Owner ist wirtschaftlich verantwortlich und priorisiert die einzelnen Product Backlog Items, hat also erheblichen Einfluss auf den individualisierten Projektablauf. Dabei darf jedoch nicht übersehen werden, dass die eigentliche Programmier- und damit Umsetzungstätigkeit der Software beim Anbieter verbleibt. Dieser ist ja gerade vom Auftraggeber ins Boot geholt worden, um eine funktionierende Software abzuliefern, indem er sein fachspezifisches Können in agiler Entwicklung unter Beweis stellt. Damit schuldet der Anbieter den werkvertraglichen Erfolg. Auch in diesem Fall sprechen daher noch gute Argumente für die Annahme von Werkvertragsrecht. In jedem Fall sollten die Parteien hier sehr konkret vereinbaren, wer welche Pflichten hat und wer wofür verantwortlich ist. Aufgrund der »Gemengelage« ist bei einer Eskalation der Streit sonst vorprogrammiert.

Die Tatsache, dass zu Beginn eines agilen Projekts noch keine ausgereifte Projektdefinition existiert, führt ebenfalls nicht notwendigerweise zur Annahme eines Dienstvertrags. Teilweise wird hieraus geschlossen, dass kein konkret bestimmter Erfolg geschuldet sei, sodass Dienstvertragsrecht einschlägig sei. Doch bei wohl jedem Entwicklungsprojekt steht zumindest ein grobes Projektziel (z.B. in Form einer Produktvision) von vornherein fest. Und auch das Product Backlog sowie die einzelnen User Stories zeichnen den groben Rahmen vor, innerhalb dessen sich das Projekt bewegt. Solche Konkretisierungen können bereits zur Annahme von Werkvertragsrecht ausreichen.

Alles in allem kommt es wie gezeigt immer auch auf den gegenseitigen Parteiwillen an. Dass meist eine klare Vision zur Erstellung eines bestimmten Programms der Entwicklung zugrunde liegt, führt oft ebenfalls zur Anwendung von Werkvertragsrecht, da so der Gesamterfolg bereits von vornherein abgrenzbar festgelegt wird.

Praxistipp:
Wie schon erwähnt, kommt es nicht unbedingt auf die Bezeichnung des Vertrags an, um ihn einem bestimmten Vertragstyp zuzuordnen. In einem Fall vor dem Bundesgerichtshof (BGH, Urteil vom 25. März 2010, Az. VII ZR 224/08) ging es unter anderem um die Frage, ob Werkvertragsrecht oder Dienstvertragsrecht anzuwenden ist. Ein Softwarehaus wollte für einen Auftraggeber Software erstellen und anpassen und berief sich im Streitfall auf das für sich »günstigere« Dienstvertragsrecht, schließlich habe der Vertrag »Dienstleistungsvertrag für ein Software-System« geheißen. Dem erteilte der BGH eine deutliche Absage: *»Zutreffend hat das Berufungsgericht die als »Dienstleistungsvertrag für ein (...) Software-System« bezeichnete vertragliche Vereinbarung (…) als Werkvertrag qualifiziert. Gegenstand dieses Vertrags war eine umfangreiche Anpassung der (…) Software (…) an die Bedürfnisse [des Auftraggebers].«*

Die Abgrenzung zwischen Werkrecht und über § 651 BGB anwendbares Kaufrecht spielt auch bei agiler Softwareentwicklung eine erhebliche Rolle. Die Abgrenzungskriterien unterscheiden sich gegenüber der klassischen Programmierung nicht. Gleichwohl wirken bei agilen Projekten die Besonderheiten agiler Programmierung mit in die Abwägung hinein, welchem Vertragstyp das konkrete Projekt unterliegt.

Hier ist die Dominanz der Planungsleistung von besonderem Interesse. Da bei agilen Projekten keine detaillierte vorhergehende Planung stattfindet, stellt sich die Frage, ob die hier notwendige Planung nicht derart unterzugewichten ist, dass eine Werkleistung nicht mehr anzunehmen ist. Allerdings ist »Planung« nicht im reinen zeitlichen Sinne als einem Softwareprojekt vorgelagerte Phase zu verstehen. Vielmehr kann dies auch die Abstimmung innerhalb verschiedener Projektphasen sein, die bei agilen Entwicklungsvorgängen aufgrund der iterativen Vorgehensweise ganz erheblich ausgeprägt ist. Die wiederkehrende und auf den vorhergehenden Phasen aufbauende Planung des weiteren Vorgehens ist hier in den Projektablauf integriert, hat aber trotz allem ganz erhebliches Gewicht. Dies äußert sich beispielsweise in Sprint-Planungen und -Reviews und nicht zuletzt in den eigentlichen Entwicklungsleistungen durch die selbstorganisierten Teams.

Der Auftragnehmer hat einen fortlaufenden Planungsaufwand, um mit den Änderungen umzugehen, die sich im Projektverlauf ergeben. Dies muss durch den Auftragnehmer erkannt und bei der fortschreitenden Entwicklung sorgfältig berücksichtigt werden. Hierbei kommt ihm die erhöhte Mitwirkung des Auftraggebers besonders zugute. Letztlich ist aber in einer Vielzahl der Projekte von einer Dominanz der (fortlaufenden) Planungsleistungen auszugehen. Deshalb wird sich ein agiler Vertrag oft nach Werkvertragsrecht richten und nicht nach Werklieferungsrecht.

Andererseits sollte auch klargeworden sein, dass es keine Musterlösung für die Einordnung von agilen Entwicklungsprojekten unter einen bestimmten Vertragstyp gibt. Die muss immer anhand des Einzelfalls, gemessen an den gegenseitigen Vertragspflichten und unter Berücksichtigung der wirtschaftlichen Interessen der Parteien, erfolgen.

> **Praxistipp:**
> Sofern die agile Vorgehensweise eine fortlaufende und umfassende Planung des Auftragnehmers beinhaltet, die einen ganz wesentlichen Anteil an der Umsetzung der Anforderungen hat, wird in vielen Fällen ein Werkvertrag vorliegen. Dafür gibt es mittlerweile auch einen Anhaltspunkt in der Rechtsprechung: Das Landgericht Wiesbaden hat entschieden, dass es sich bei einem nach Scrum-Grundsätzen zu programmierenden interaktiven Portal um eine nach Werkvertragsrecht zu bewertende Leistung handelt (Urteil vom 30. November 2016, Az. 11 O 10/15).

3.3.4 Vertragsinhalte bei agilen Verträgen

Agile Verträge müssen das agile Mindset und die agile Problemlösungsmethodik abbilden. Je aufwendiger das Projekt, desto umfangreicher in der Regel der Vertrag. Dabei sollte man den Fokus darauf legen, die Abläufe, Methoden und Rollen genau zu beschreiben, um der agilen Vorgehensweise bei der Vertragsgestaltung weitestgehend Rechnung zu tragen. Das kann bereits in der Präambel beginnen, in der der Hintergrund des Projekts an sich beschrieben und die Entscheidung für ein agiles Vorgehen genauer erläutert wird. Dies kann im Zweifelsfall als Auslegungshilfe dienen, um festzustellen, was die Parteien bei unklarer Pflichtenlage gewollt haben.

Über allem steht, wie auch in »klassischen« Projekten, die Leistungsbeschreibung. Allerdings sollte sie bei agilen Projekten eher lebendig und flexibel ausfallen. Das hindert aber nicht daran, diese Flexibilität genauso in den Vertrag aufzunehmen. Die Kernfunktionalitäten, die Programmierumgebung und weitere Rahmenbedingungen lassen sich auch im Lichte agiler Methodik beschreiben. Man kann zunächst die Produktvision umreißen und sodann das Product Backlog und seine Funktion definieren. Man kann auch deren flexible Handhabung beschreiben und beispielsweise einen dynamischen Umgang mit ihnen im Vertrag selbst anlegen. Möglich ist auch, die Einteilung nach User Stories zu beschreiben und diese in einer Anlage zum Vertrag abzubilden. Dies macht den Umgang mit ihnen flexibel, wenn die User Stories beispielsweise im Laufe der iterativen Entwicklung angepasst, erneuert oder entfernt werden. Es geht hier letztlich darum, einen gesunden Mittelweg zwischen umfassendem Lasten- und Pflichtenheft und einem zu unspezifisch definierten Rahmen zu finden. Dabei muss darauf geachtet werden, dass bei diesem Kompromiss die agile Methodik weitestgehend berücksichtigt wird.

Formulierungsbeispiel »Leistung«:

Der Auftragnehmer erstellt für den Auftraggeber eine funktionstüchtige Software iterativ mit agiler Methodik. Die Software und der Entwicklungsfortschritt orientieren sich dabei an den in der Anlage zum Vertrag beschriebenen User Stories. [Die agile Methodik ist in Ziffer X dieses Vertrags beschrieben.]

Formulierungsbeispiel »Prototyp«:

Der Auftragnehmer entwickelt und erstellt für den Auftraggeber die Steuerungssoftware für (...) iterativ mit agiler Methodik. Die Software steuert einen Prototyp. Deshalb sind erhebliche Planungs- und Herstellungsleistungen notwendig, und die exakten Performanzkriterien können derzeit noch nicht abschließend beschrieben werden. Die Grundlagen des Entwicklungs- und Erstellungsprozesses sind dementsprechend in [Klausel X]/[Anlage X] dieses Vertrags beschrieben.

Daraus ergibt sich sogleich die nächste wichtige Baustelle, nämlich die Beschreibung des agilen Verfahrens. Diese liegt natürlich im Belieben der Parteien. Idealerweise wird das Vorgehen bereits in den Vertragsverhandlungen thematisiert, sodass schon vorab ein klares Bild über den Ablauf entsteht. Das Verhandlungsergebnis liefert gleichzeitig wertvolle Anhaltspunkte für die Beschreibung der Methodik im Vertrag.

Formulierungsbeispiel »Agile Methodik«:

Die agile Methodik kann äußerst vielgestaltig sein. Deshalb wäre eine konkrete Klauselempfehlung nicht zielführend. Man sollte das generelle Verfahren, den Ablauf, die Methodik und die zu beachtenden Werte und Prinzipien kurz und bündig und weitestgehend abschließend beschreiben. Wertvolle Hinweise geben dazu die in Kapitel 1 und Kapitel 2, insbesondere in Abschnitt 2.3 genannten Ausführungen.

Eine allgemein gehaltene Klausel könnte beispielsweise wie folgt lauten:

Die Parteien sind sich einig, das Projekt nach den Prinzipien von Scrum durchzuführen, wie sie im »Scrum Guide« (http://www.scrumguides.org/docs/scrumguide/v1/Scrum-Guide-DE.pdf) beschrieben sind. Rollen, Ereignisse, Artefakte und Regeln, die sie miteinander verbinden, werden in der dort beschriebenen Form Teil des Vertrags.

Zur Beschreibung des Vorgehens gehört, die einzelnen Aufgaben der am Projekt beteiligten Personen und Einheiten so genau wie möglich aufzunehmen. Man kann sowohl ihre Rollen erklären als auch ihre einzelnen Tätigkeiten im Vertrag aufnehmen. Je genauer dies gemacht wird, desto weniger muss man sich später fragen, was überhaupt vom Einzelnen geschuldet ist und wie weit der Aufgabenbereich reicht. Natürlich muss nicht jede einzelne Tätigkeit im Detail beschrieben werden. Aber es kann hilfreich sein, den Rahmen abzustecken, um die einzelnen Aufgabenbereiche klar voneinander abgrenzen zu können. Dazu kann es auch gehören, die Rolle eines Scrum Masters bereits im Vertrag zwischen Auftraggeber und Anbieter aufzunehmen und zu beschreiben.

Formulierungsbeispiel »Rollen«:

(1) Der Auftragnehmer erbringt die Leistungen durch Personen, die mit der Leistungserbringung nach dem agilen Verfahren vertraut und dafür qualifiziert sind. Die Schlüsselrollen des Auftragnehmers sind die folgenden:

[Es erfolgt eine Beschreibung der Rollen samt jeweiliger Tätigkeitsbeschreibung.]

(2) Einsatz des Product Owners: [Beschreibung der Rolle des Product Owners]

[(3) Beschreibung sonstiger Rollen]

Aufgrund der stetigen Zusammenarbeit sollten zudem die gegenseitigen Mitwirkungspflichten genau beschrieben werden. Kanäle des Informationsaustauschs, Meetings, Reviewprozesse etc. lassen sich vertraglich beschreiben. Man wird hierauf weniger zurückgreifen müssen, wenn von Anfang an Scrum »gelebt« wird, hat aber gleichfalls einen Anhaltspunkt für den Fall, dass es einmal hakt. Möglicherweise empfiehlt es sich auch, einen allgemeinen Aktivitäten- und Terminplan aufzunehmen, der die Parteien zu kontinuierlicher und zielorientierter Kooperation anhält. Auch die Festlegung konkreter Eskalationsstrategien und -verfahren ist sinnvoll. Allerdings sollte auch hierbei der Aspekt der Kooperation stärker als üblich im Vordergrund stehen, um nicht zu stark in das Modell klassischer Problemlösung zu navigieren.

Formulierungsbeispiel »Kooperation«:

Der Auftragnehmer und der Auftraggeber kooperieren kontinuierlich bei der Durchführung dieses Vertrags. Dies beinhaltet insbesondere die schnelle gegenseitige Zurverfügungstellung notwendiger Informationen und Daten für die Entwicklung und Herstellung der Software.

Formulierungsbeispiel »Mitwirkung«:

(1) Der Auftragnehmer ist während der Programmierung auf die Mitwirkung des Auftraggebers angewiesen. Der Auftraggeber ist deshalb verpflichtet, insbesondere die folgenden Mitwirkungsleistungen zu erbringen:

[Beschreibung der einzelnen Mitwirkungspflichten, insbesondere:

- *Zugang zu Räumlichkeiten und Systemen*
- *Zugang zu Informationen und Unterlagen*
- *Zurverfügungstellung von funktionierenden Schnittstellen]*

(2) Die Mitwirkungsleistungen sind kontinuierlich zu erbringen. Werden diese Mitwirkungsleistungen nicht ordnungsgemäß erbracht, so werden die Parteien die Gründe dafür feststellen und in gemeinsamer Abstimmung Abhilfemaßnahmen festlegen.

(3) Erbringt der Auftragnehmer trotz der Abhilfemaßnahmen seine Mitwirkungspflichten nicht vertragsgemäß, gelten die gesetzlichen Vorschriften. Der Auftraggeber kann demnach insbesondere die Erbringung unter Fristsetzung einfordern, seine Leistung kann sich zeitlich nach hinten verschieben oder der Leistungsumfang kann sich verringern.

Die Tatsache, dass in der agilen Denkweise funktionierende Software mehr als umfassende Dokumentation geschätzt wird und eine umfassende Dokumentationspflicht bei agilem Vorgehen kaum vorkommt, sollte ebenfalls im Vertrag beachtet werden. Nach der klassischen Definition von Software sind Hersteller- und Anwenderdokumentation Bestandteil der Software. Es ist deshalb empfehlenswert, das Schicksal der Dokumentation – in welche Richtung auch immer – im Vertrag zu beschreiben. Dabei können sowohl ihr Ausschluss als auch andersartige, weniger aufwendige, technisch gesteuerte (Inline oder Online) Dokumentationspflichten vereinbart werden. Art und Umfang der Dokumentation darf daher auch bei agilen Verträgen nicht fehlen.

Formulierungsbeispiel »Dokumentation«:

Die Parteien verzichten ausdrücklich auf das Erfordernis einer umfassenden und abschließenden Benutzer- und Entwicklerdokumentation. Stattdessen liefert der Auftragnehmer (...) [Beispiel: eine Inline-Dokumentation, die unmittelbar als Kommentare in den Quelltext der zu erstellenden Software eingefügt wird, und zwar nach folgendem Schema: (...)].

Sofern es sich beim agilen Vertrag um einen Werkvertrag handelt, spielt die Abnahme eine zentrale Rolle. Es besteht grundsätzlich eine Abnahmeverpflichtung für ein vertragsmäßig hergestelltes Werk. Dafür muss klar abgrenzbar sein, was genau das vertragsmäßige Werk überhaupt ist. Hierfür empfehlen sich die agile Leistungsbeschreibung sowie eine Kombination von Product und Sprint Backlog. In jedem Fall sollte das Abnahmeverfahren zwischen den Parteien klar und eindeutig beschrieben werden. Aufgrund des iterativen Vorgehens sollte zwischen den Parteien Einigkeit bestehen, wie man mit im Rahmen einzelner Sprints hergestellten Produktinkrementen umgeht. Je nach Art und Umfang dieser Funktionsblöcke kann es sich um abnahmefähige Teilleistungen handeln oder aber es wird im Sprint-Review nur eine zwischengeschaltete Funktionsprüfung vereinbart. Letzteres wird der Regelfall sein, da sich am Ende eines Projekts zumindest eine Gesamtabnahme anschließen wird, in der das Zusammenspiel der einzelnen Teile und die übergreifende Gesamtfunktion der Software geprüft und nachgewiesen wird. Bei längeren Projekten ist es aus agiler Sicht sinnvoll, mehrere einzelne Releases produktiv zu nutzen. Dann kann pro Release eine übergreifende Abnahme erfolgen.

Gesonderte übergreifende Abnahmen empfehlen sich auch deswegen, weil die Leistungsbeschreibungen im Rahmen der einzelnen Iterationen sich im Fortgang des Projekts noch ändern oder ergänzen können.

Formulierungsbeispiel »Teilabnahme«:

Der Auftragnehmer weist die Funktionsfähigkeit einzelner Teilleistungen isoliert nach. Die Teilabnahme bezieht sich ausschließlich auf die in einem Sprint geleisteten Programmiertätigkeiten. Abgenommene Teilleistungen dienen als Grundlage für die Fortführung der Programmiertätigkeiten.

[Zudem in der Regel empfehlenswert: Das ordnungsgemäße Zusammenspiel der einzelnen Teilleistungen ist Gegenstand einer gesamtheitlichen Endabnahme. Gegenstand der Endabnahme ist die Prüfung der systemübergreifenden Softwarefunktionalität insgesamt.]

Formulierungsbeispiel »Abnahme« (auftraggeberfreundlich):

Nach Fertigstellung der Software kündigt der Auftragnehmer die Abnahme (...) Tage im Voraus in Textform an und stellt der Auftragnehmer die Software am angekündigten Termin zur Abnahme zur Verfügung. Die Abnahme unterliegt den Vorschriften des § 640 S. 1 und S. 2 BGB. § 640 S. 3 BGB findet keine Anwendung. Klarstellend wird festgehalten, dass eine produktive Nutzung der Software keine Abnahme darstellt.

Eng damit verbunden sind auch die Regeln zur Sachmängelhaftung aufgrund eines fehlerhaften Produkts. Der Anbieter schuldet nach der Abnahme bei Softwarefehlern zunächst Nacherfüllung, sofern es sich nicht um unwesentliche Mängel handelt. Es obliegt also ihm, bei bestimmten Bugs die Software in diesem Bereich lauffähig anzupassen. Hier empfiehlt sich eine Beschreibung von Mängelklassen, die das iterative und kooperative Vorgehen berücksichtigen sollten. Die übliche Einordnung nach »schwer«, »mittel« und »unwesentlich« kann somit flexibel erweitert werden. Möglicherweise haben die Parteien auch ein Interesse daran, die werkvertragliche Möglichkeit der Selbstvornahme[3] auszuschließen und einen dezidierten Prozess zur Mängelbeseitigung zu vereinbaren, der ebenfalls die agile Problemlösungsmethodik stärker als in klassischen Projekten berücksichtigt.

Weiter können die Parteien Leistungsänderungsverfahren vereinbaren. Auch bei klassischen Projekten ist dies üblich und nötig. Bei agilem Vorgehen sind diese Leistungsänderungen bereits Teil der Methodik und daher üblich und gewollt. Es empfiehlt sich aber auch, darüber hinausgehende Leistungsänderungsmöglichkeiten zu regeln, um eine eventuell notwendige Neuverhandlung von Leistungsinhalten oder der Vergütung zu ermöglichen.

Von besonderem Interesse sind schließlich Regeln zur Vergütung. Die einzelnen Modelle sind äußerst vielgestaltig (siehe die folgenden Kapitel). So lassen sich verschiedenste Abreden treffen, die jeweils der gewählten Methode agilen Vorgehens am besten entsprechen. Je unbestimmter das Leistungsbild am Anfang eines Projekts, desto höher ist das Risiko, aufgrund immer neuer Sonderwünsche des Auftraggebers das Budget zu sprengen. Für den Anbieter stellt sich gleichfalls das Problem, gleich von Anfang an im Rahmen seiner geschuldeten wirtschaftlichen Betriebsführung den Erstellungsprozess ordnungsgemäß zu kalkulieren und dabei auch erst während des Erstellungsprozesses definierte Anforderungen soweit wie möglich zu berücksichtigen. Aus diesem Grund ist den Parteien bei der Auswahl des richtigen Vergütungsmodells besondere Aufmerksamkeit abzuverlangen. Wichtig ist letztlich, dass die Entscheidung für ein bestimmtes Vergütungsmodell auch den entsprechenden Niederschlag im Vertrag findet. Zur Orientierung können dabei die nachfolgenden Ausführungen helfen.

3.4 Überblick zu den einzelnen Vertragsformen

Die einzelnen Vertrags- und insbesondere Vergütungsformen werden in den folgenden Abschnitten näher beschrieben. Schon jetzt kann aufgrund der hier getroffenen Feststellungen eine grobe Einordnung dieser Formen aus vertragsgestalterischer Sicht erfolgen.

3.4.1 Festpreisverträge

Ein *Festpreisvertrag* erinnert überwiegend an klassische Projektverträge. Er beinhaltet ein Lasten- und Pflichtenheft, woraus sich in der Regel die einzelnen Arbeitsschritte herauslesen und damit ein bestimmtes Budget kalkulieren lassen. Die vertragliche Einordnung wirft eigentlich keine Besonderheiten auf. Sofern es sich um ein umfangreiches Projekt mit großem Planungsanteil des Anbieters handelt, ist Werkvertragsrecht anzuwenden.

---

3. Selbstvornahme liegt dann vor, wenn der Auftraggeber den Mangel selbst beseitigt und die Kosten dem Vertragspartner in Rechnung stellt, siehe § 639 BGB.

Unbedingt beachten sollte man, dass der Umsetzungszyklus, der mit agiler Methodik angereichert werden soll, so auch im Vertrag beschrieben wird. Denn nur wenn es zwischen den Parteien eine derartige schriftliche Vereinbarung gibt, ist sichergestellt, dass diese »Mischform« auch tatsächlich angewendet wird. Dabei sollte besonderes Augenmerk auf die Beschreibung gelegt werden, wie einzelne Features zu priorisieren sind, wer dafür verantwortlich ist und ob hier ein Prüfmechanismus der jeweils anderen Seite vereinbart werden soll.

Ähnliches gilt auch für den *garantierten Maximalpreis*. Die einzelnen Schritte und Rechtsfolgen bei (Nicht-)Erreichen des Maximalpreises sollten konkret beschrieben werden. Hier empfiehlt sich insbesondere, die Ermittlungssystematik für den letztlich endgültigen Preis genau aufzunehmen. Wer schuldet wann und wie und wo Einsicht in Bücher? Von welchen Faktoren ist dies abhängig? Man sollte auch zumindest im Hinterkopf behalten, dass die genaue Kalkulation des Endpreises an der Akzeptanz des Auftraggebers hängt und daher die Berechnungsmethodik eindeutig und möglichst widerspruchsfrei beschrieben wird.

Der *garantierte Minimalumfang* steht und fällt damit, dass die einzelnen Features ausreichend beschrieben sind und sie den einzelnen Ebenen zweifelsfrei zugeschrieben werden. Möglicherweise kommt damit ein erhöhter Planungsaufwand auf die Parteien zu, die bereits früh im Projekt die Features zumindest so weit auflisten müssen, um eine eindeutige Zuordnung zu erreichen. Zudem sollte eindeutig festgeschrieben werden, wer überhaupt für die Bestimmung zuständig ist, welche Features unter Must-have, Should-have und Could-have fallen. Möglicherweise empfiehlt es sich hier auch, mit Teilzahlungsmechanismen zu arbeiten, da so eine bessere Kontrolle über die Herstellung der einzelnen Features in den unterschiedlichen Klassen erreicht werden kann.

Die Komplexität des *agilen Festpreises* gilt es, so einfach und verständlich wie möglich in Vertragsform zu gießen. Beim agilen Festpreis zeigt sich, wie sich das agile Mindset durch den ganzen Vertrag ziehen kann und muss. Er ist zumindest sowohl auf der Ebene der Leistungsbeschreibung als auch der dezidierten Vergütungsregeln zu beschreiben und mit den sonstigen Regeln des Vertrags in Einklang zu bringen. Dabei sollte die Beschreibung so verständlich wie möglich geschehen. Sofern sich ein vielleicht weniger technikaffiner Richter einmal mit dieser ausgefeilten Vergütungssystematik auseinandersetzen muss, muss er den Hintergrund und den Ablauf verstehen. Er darf nicht geneigt sein, in gesetzlich vorgesehene Vergütungsmechanismen zu verfallen. Dies gilt erst recht, wenn bestimmte Risk-Share-Modelle vereinbart werden. Problematisch kann zudem sein, die bewusste Offenheit einzelner Epics vertraglich aufzufangen. Es sollten zumindest Regelungen vorhanden sein, die den Fall regeln, in dem sich die Aufwandsschätzung als nicht realistisch erweist und die Zusammenarbeit dennoch weitergehen soll.

Bei *Money for Nothing, Change for Free* kann sich der Austausch von Features als streitträchtig erweisen. Die Bestimmung des Umfangs der Features sollte im Vertrag zumindest abstrakt beschrieben werden, um einen interessengerechten

Austausch der Features zu erreichen. Und natürlich gilt auch hier wieder, dass der Aufteilungsschlüssel, ähnlich wie beim garantierten Maximalpreis, leicht verständlich und nachvollziehbar beschrieben wird.

3.4.2 Time & Material

Bei klassischen *Time & Material-Projekten* wird oftmals ein Werkvertrag vorliegen. Sowohl die vertragstypologische Einordnung als auch die bei agilen Verträgen beschriebenen vertraglichen Besonderheiten zeigen sich hier in ihrer Reinform. Das gilt grundsätzlich für alle Formen von Time & Material.

In Time & Material-Projekten mit Scrum als Vorgehensweise ergeben sich oftmals unbemerkt arbeitsrechtliche Probleme (im weitesten Sinne). Denn aufgrund des kooperativen Zusammenwirkens zwischen den Parteien lässt sich eine ganz strikte Trennung der Verantwortungssphären – zumindest im Vergleich zu ganz klassischen Vertragssituationen – nicht immer feststellen. Dann stellt sich die Frage, ob seitens des Anbieters eine Arbeitnehmerüberlassung an den Auftraggeber vorliegt. Dies wird durch innovative Formen der Zusammenarbeit ggf. bestärkt, beispielsweise wenn Entwickler unter dem Dach des Auftraggebers mit dessen Product Owner Hand in Hand zusammenwirken oder sogar ganze Teams mit Entwicklern aus beiden Lagern besetzt sind. Das kann ein generelles Problem von IT-Projekten sein, zeigt sich bei agilen Vorgehensweisen aber noch deutlicher. Dies ist bei der Vertragsgestaltung immer mit zu bedenken, zumal steuerliche Nachzahlungspflichten oder sogar harsche Strafen bei Missachtung der Anforderungen der Arbeitnehmerüberlassung drohen. In der Praxis wird dies von vielen Parteien gar nicht wahrgenommen oder schlicht abgebügelt, aber je enger und verzahnter die Zusammenarbeit zwischen den Parteien erfolgt, desto eher besteht ein ernsthaftes Risiko der Arbeitnehmerüberlassung. Im Zweifel muss der Anbieter die Genehmigung zur Arbeitnehmerüberlassung besitzen und der Vertrag entsprechend angepasst werden.

Praxistipp:
Das Thema »Arbeitnehmerüberlassung« kann bei Projekten mit agiler Vorgehensweise schnell ein echtes Problem darstellen. Erstaunlicherweise ist dies bei vielen Entwicklungshäusern entweder noch nicht ausreichend präsent oder wird bewusst ausgeblendet. Dabei kann eine unerlaubte Arbeitnehmerüberlassung gravierende Konsequenzen haben. Jede Vertragsgestaltung sollte daher immer auch mit Blick auf eine mögliche Arbeitnehmerüberlassung gegengeprüft werden.

3.4.3 Bezahlung pro Sprint

Bei *Bezahlung pro Sprint* liegt es ebenfalls nahe, die Anwendung von Werkvertragsrecht anzunehmen. Hier geht es gerade darum, nach jeder Iteration einen eigenständigen Abnahme- und Zahlungsmechanismus zu etablieren. Je nachdem, ob der Anbieter hier nur geringfügige Anpassungen an bereits vorhandenen Produktteilen vornimmt oder auf bereits bestehende Standards aufsetzt, kann aber auch ein Dienstvertrag vorliegen oder sogar Kaufrecht anwendbar sein. Empfehlenswert ist in jedem Fall, die Abnahme- und Zahlungsmechanismen ausreichend im Vertrag zu beschreiben, da sie von der eigentlichen Systematik eines agilen Vertrags, der als Werkvertrag eingeordnet werden kann, abweichen. Es wird nicht erst am Projektende eine Gesamtabnahme vorgenommen und das ganze Projekt auf einmal bezahlt.

Ganz ähnlich ist es beim »*Pay what you get*«. Wenn die Entwicklung überwiegende Planungsleistungen des Anbieters erfordert, wird auch hier ein Werkvertrag vorliegen. Da im Vorhinein der Inhalt des Sprints feststeht, wissen beide Parteien, was das Inkrement können muss. Sofern diese Funktionalität nicht erreicht wird, ist der Anbieter verpflichtet, die entsprechende Funktionalität herzustellen, bis der vereinbarte Inhalt vorhanden ist. So haben beide Seiten sowohl eine Kosten- als auch eine entsprechende Leistungskontrolle für sich. Aufgrund der engen Zusammenarbeit bei der Ausarbeitung der Sprints sollte jedoch sehr genau darauf geachtet werden, was die einzelnen Leistungspflichten der Parteien sind und wie diese im Vertrag niedergeschrieben werden.

3.4.4 Nutzenorientierte Verträge

Obwohl sich *nutzenorientierte Verträge* von ihrer Grundidee deutlich von kostenorientierten Verträgen unterscheiden, sind die rechtlichen Unterschiede weniger deutlich. Nutzenorientierte Verträge verändern die Sicht darauf, »warum« etwas programmiert wird, weniger »wie«. Die eigentlich spannenden rechtlichen Fragen bei agiler Programmierung ergeben sich aber daraus, »dass« und »wie« letztlich programmiert wird und wie sich dies vertraglich abbilden lässt. Daran ändert sich bei nutzenorientierten Verträgen erst einmal wenig.

Eine Besonderheit stellt allerdings die Tatsache beim *Profit-Sharing* dar, dass hier der Anbieter an dem Nutzen partizipiert, den die Software generiert. Wenn diese Partizipation umfangreich vertraglich beschrieben und gelebt wird, verwischt sich das Bild des reinen Austauschvertrags und es kommt eine gemeinsame Zweckverfolgung in Betracht. Hier kann wieder an das Vorliegen eines Gesellschaftsvertrags gedacht werden. Die gesellschaftsrechtlichen Einschläge (beispielsweise Kapitalanteile, Auseinandersetzung, Liquidation) weichen in erheblichem Maße von den bekannten und bewährten Regeln der sonstigen typisierten Verträge ab. Und was man nicht vergessen darf: Ein Anreiz für den Anbieter, sich dafür zu interessieren, wie ein bestimmter Nutzen am besten generiert werden kann, muss noch nicht unumstößlich bedeuten, dass die Parteien auf den klassischen Leistungsaustausch verzichten wollen. Hierüber sollten sich die Parteien deshalb bereits weit im Voraus Gedanken machen. Dies zeigt sich auch wieder etwas deutlicher bei »*Pay per Use*«-Verträgen. Hier ist eine gute Programmierung lediglich der Trigger dafür, dass das Programm mitsamt seinen speziellen Funktionalitäten gewinnbringend genutzt wird. Die Interessen der Parteien an einem gegenseitigen Leistungsaustausch werden hierdurch kaum berührt.

3.5 Das Kapitel in Stichpunkten

- Es herrscht Vertragsfreiheit, die allerdings durch Vertragstypen ihre Grenzen findet.
- Die vertragstypologische Einordnung ist von besonderer Bedeutung bei der Vertragsgestaltung. Diese leitet sich aus den Rechten und Pflichten von Auftraggeber und Auftragnehmer ab.
- Bei agiler Entwicklung wird meist ein Werkvertrag vorliegen (auch wenn keine detaillierte Liste zu liefernder Funktionalitäten im Vertrag definiert ist).
- Das agile Mindset und die agile Problemlösungsmethode müssen sich in »agilen Verträgen« umfassend wiederfinden. Nur so ist gesichert, dass Vertragsinhalt und gelebte Praxis übereinstimmen.

4 Schätzung und Planung

Bei kostenorientierten Verträgen spielen Schätzung und Planung sowie die Kostenkontrolle im Projekt eine wichtige Rolle. Bei Festpreisen liegt die Verantwortung in erster Linie beim Dienstleister, bei Aufwandsprojekten primär beim Auftraggeber.

In diesem Kapitel diskutieren wir, wie Schätzung und Planung bei agiler Entwicklung stattfinden kann. Dazu beschäftigen wir uns mit Releaseplanung, langfristiger Schätzung und der Überwachung des Projektfortschritts. Wir beschreiben, wie Schätzungen mit Story Points erfolgen können und wie Releaseplanung zeit- und scopebasiert stattfindet.

Wir diskutieren außerdem, wann Story Points geeignet sein können und wann andere Verfahren besser funktionieren. Außerdem beschäftigen wir uns mit den inhärenten Grenzen der Planbarkeit bei agiler Entwicklung.

4.1 Grundprinzipien agiler Schätzung

Ein häufiges Missverständnis bezüglich agiler Entwicklung betrifft die langfristige Planung über einen einzelnen Sprint hinaus. Es wird agilen Verfahren nachgesagt, dass solche Planungen nicht möglich seien. Das stimmt nicht; man kann sehr wohl planen. Dieser Planung wohnen die gleichen inhärenten Unwägbarkeiten inne wie dem Wasserfallmodell (siehe nächster Abschnitt). Agile Verfahren machen diese Unwägbarkeiten allerdings sichtbar und erlauben so einen frühen Umgang mit ihnen. Das führt in der Konsequenz dazu, dass agile Langfristplanung sogar besser funktioniert als die klassische Planung.

Um den agilen Ansatz zur Planung zu verstehen, hilft eine Metapher. Wenn ich mit dem Zug von Hamburg nach München fahren möchte, kann ich die Bahn fragen, wie lange das dauert. Ich könnte aber auch nachschauen, wie groß die Entfernung ist und wie schnell der Zug im Durchschnitt fährt. Auf dieser Basis kann ich die Fahrzeit selbst abschätzen.

$$\text{Fahrzeit} = \frac{\text{Strecke}}{\text{Geschwindigkeit}}$$

Abb. 4–1 *Trennung von Entfernung und Geschwindigkeit*

Im konkreten Beispiel beträgt die Entfernung 903 km (Schiene). Die durchschnittliche Geschwindigkeit aller ICE-Züge beträgt 120 km. Damit gilt:

$$7{,}5h = \frac{903\ \text{km}}{120\ \text{km/h}}$$

Abb. 4–2 *Erste Abschätzung der Fahrtdauer Hamburg-München*

Die durchschnittliche ICE-Geschwindigkeit mag überraschend niedrig sein (wir haben sie gegoogelt). Die Ursachen sind Streckenabschnitte, die nicht voll ausgebaut sind, sowie die vielen Zwischenhalte. Tatsächlich liegt die so errechnete Fahrzeit durchaus in dem Bereich, der auch in der Praxis zu erwarten ist.

Wenn wir die durchschnittliche Geschwindigkeit nicht kennen, können wir einfach mit der Fahrt beginnen und nach z.B. 15 Minuten prüfen, wie weit wir gefahren sind. Daraus können wir die Geschwindigkeit ermitteln. Mit dieser Geschwindigkeit können wir eine Prognose über die restliche Fahrdauer erstellen. Nach weiteren 15 Minuten können wir eine genauere Prognose erstellen usw.

Genau dieses Schema wenden wir auch bei der agilen Softwareentwicklung an. Wir gehen davon aus, dass das Team eine bestimmte Arbeitsgeschwindigkeit hat, die sich nicht plötzlich drastisch ändert. Wir schauen also nach jedem Sprint, wie viel erledigt wurde (ähnlich wie wir bei der Bahnfahrt nachsehen, wie viele Kilometer gefahren wurden). Damit messen wir den Durchfluss von Anforderungen durch das Entwicklungsteam (siehe Abb. 4–3).

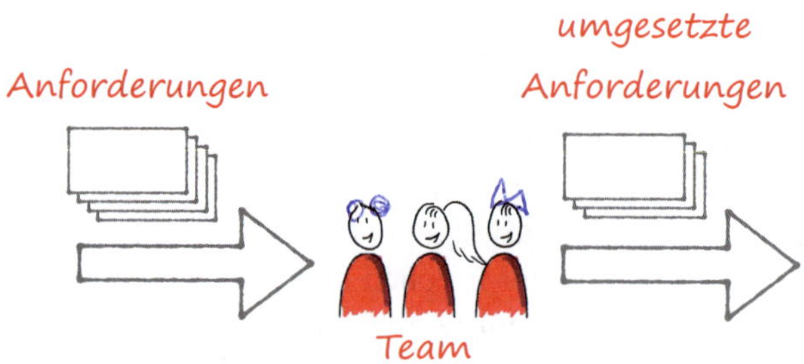

Abb. 4–3 *Durchflussmessung*

Wir stellen dann z.B. fest, dass das Team vier Anforderungen im ersten Sprint umgesetzt hat. Wollen wir insgesamt 20 Anforderungen umsetzen, könnten wir jetzt sagen, dass wir um die fünf Sprints benötigen, um alle Anforderungen umzusetzen. Nach dem zweiten Sprint messen wir erneut, wie viele Anforderungen umgesetzt wurden. Diesmal waren es z.B. sechs Anforderungen, und wir können nun eine verbesserte Prognose erstellen, dass wir vier bis fünf Sprints benötigen. So verfeinern wir mit jedem Sprint unsere Prognose.

4.1.1 Gewichtung mit Story Points

Nicht alle Anforderungen sind gleich aufwendig. Daher ist es in der Regel sinnvoll, die Anforderungen zu gewichten, um zu einer besseren Prognose zu gelangen. Dies geschieht häufig über Story Points.

Aufwandsschätzungen in Personentagen vermischen die Größe einer Anforderung mit der Entwicklungsgeschwindigkeit des Teams. Mit dem Story-Point-Konzept werden diese beiden Aspekte voneinander isoliert (der Name »Story Points« verweist übrigens auf die Historie; sie sind im Kontext der User Stories entstanden). Story Points schätzen nur die Größe von Anforderungen. Die Entwicklungsgeschwindigkeit wird später in die Rechnung eingebracht (indem man einfach misst, wie viele Story Points in vorigen Sprints erledigt wurden).

Die Größe der Anforderungen wird mit abstrakten Story Points geschätzt. Dazu wird zunächst ein repräsentativer kleiner Eintrag des Product Backlog als Referenz ausgewählt und willkürlich mit einem Story-Point-Wert von z.B. 3 versehen. (Diese Referenz dient uns quasi als Ur-Meter für die Größe von Product Backlog Items.) Die Größen der anderen Einträge des Product Backlog werden relativ zur Referenz geschätzt. Eine zu feine Differenzierung ergibt dabei keinen Sinn, weil unsere Schätzungen ohnehin nicht minutengenau werden. Häufig wird ein nicht linearer Wertebereich für Story Points verwendet, in dem die Abstände zwischen den möglichen Werten immer größer werden (in Abb. 4–4 wird der Abstand jeweils verdoppelt). Dadurch drücken wir aus, dass unsere Schätzgenauigkeit abnimmt, wenn wir große Features schätzen.

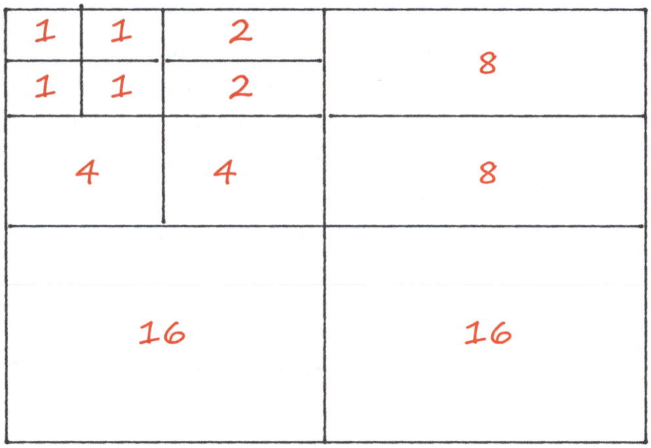

Abb. 4–4 *Nicht linearer Wertebereich für Story Points*

So kann man sich die Kapazität des Sprints als Fläche vorstellen, die mit Product Backlog Items gefüllt werden kann – so wie in Abbildung 4–4 dargestellt.

In der Praxis wird selten mit Verdoppelungen der Story-Point-Werte gearbeitet. Vielen Teams scheint das Verfahren zu ungenau. Sie verwenden dann die Werte der Fibonacci-Folge[1] als mögliche Story-Point-Werte: 1, 2, 3, 5, 8, 13, ... Die Arbeit mit der Referenzstory bleibt: Ist ein Eintrag z. B. circa ein Drittel so groß wie die Referenz, bekommt er einen Story Point, ist er knapp doppelt so groß, erhält er fünf. Außerdem kann auch mit »Zusammensetzungen« gearbeitet werden: Ein Product Backlog Item mit 3 Story Points und ein Product Backlog Item mit 5 Story Points sollten zusammengenommen ungefähr so aufwendig sein wie ein Product Backlog Item mit 8 Story Points.

Wie bei der Verdoppelung nimmt auch bei der Fibonacci-Folge der Abstand zwischen den Werten zu, wenn die Werte größer werden – allerdings nicht so schnell wie bei der Verdoppelung (siehe Abb. 4–5).

1. Die Fibonacci-Folge beginnt mit 1, 1 und danach ergibt sich der Wert aus der Summe seiner beiden Vorgänger: 1+1=2, 1+2=3, 2+3=5 etc.

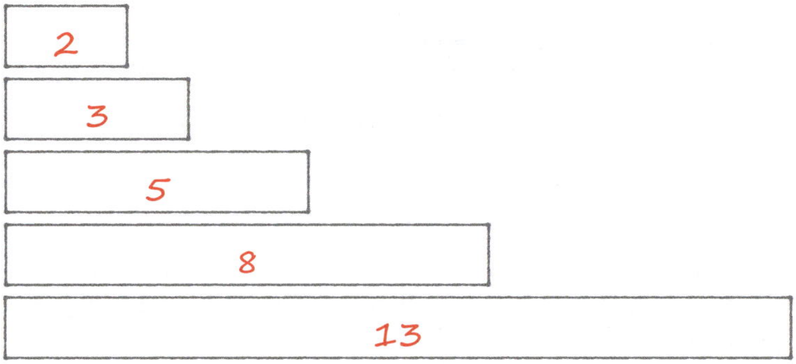

Abb. 4–5 *Fibonacci-Folge für Story Points*

In der Praxis wird häufig noch ½ als möglicher Wert verwendet und nach der 13 wird vereinfacht zu 20, 40, 100 etc. So könnten die möglichen Werte also lauten: ½, 1, 2, 3, 5, 8, 13, 20, 40, 100. Wenn man sehr große Einträge abschätzen will, kann man die Reihe mit 200, 400, 1000 etc. fortsetzen.

Charmant an der Fibonacci-Folge ist, dass der Abstand zwischen den Zahlen immer größer wird. Dadurch drücken wir aus, dass Schätzungen großer Einträge ungenauer sind als Schätzungen kleiner Einträge. Außerdem wird das Schätzverfahren vereinfacht und beschleunigt. Wir müssen nicht stundenlang darüber diskutieren, ob ein Product Backlog Item 34 oder 35 Story Points groß ist. Wir müssen nur entscheiden, ob es eher 20 oder 40 sind.

4.1.2 Vorteile von Story Points

Story Points haben gegenüber Schätzungen in Personentagen viele Vorteile:

- Die Schätzung wird von der Entwicklungsgeschwindigkeit individueller Entwickler entkoppelt. (Bei Schätzungen in Personentagen könnte ein Entwickler 5 Tage schätzen und ein anderer 20, und beide könnten recht haben – je nachdem, wer die Anforderung letztlich umsetzt.)
- Dadurch ist es einfacher, zu einer Teamschätzung zu kommen.
- Die Fibonacci-Folge drückt aus, dass wir bei größeren Einträgen ungenauer bei der Schätzung werden. So kann das Team schneller zu einer Schätzung kommen.
- Die Schätzungen bleiben stabil, auch wenn sich die Entwicklungsgeschwindigkeit des Teams ändert (durch Änderungen an der Teamzusammensetzung, Verbesserungsmaßnahmen etc.).

Konkrete Methoden zur Schätzung in Story Points sind *Planning Poker* und *Bucket Estimation* (beide Verfahren sind z.B. in [Roock & Wolf 2015] beschrieben).

Die Idee, Größe von der Entwicklungsgeschwindigkeit zu trennen, ist übrigens keine Erfindung der agilen Community. Bereits im Function-Point-Ansatz ist diese Idee enthalten (siehe [Albrecht 1979], [Poensgen 2012]). Und natürlich kann man auch in agilen Projekten Function Points statt Story Points anwenden.

4.1.3 Kritik an Story Points

Inzwischen gibt es auch Kritik an dem Story-Point-Konzept. In einigen Projekten wurde festgestellt, dass der Schätzwert in Story Points nicht systematisch mit der Entwicklungsdauer korreliert.

Bei nachträglichen Betrachtungen hat sich häufig herausgestellt, dass es ausreichen würde, Product Backlog Items zu zählen. Damit würde man im Grunde davon ausgehen, dass alle Product Backlog Items gleich komplex sind und allen Einträgen die Schätzung »1« geben.

Das mag auf den ersten Blick unsinnig erscheinen, denn schließlich sind Product Backlog Items nicht gleich aufwendig. Das wird jeder Entwickler bestätigen.

Eine grundsätzliche Schwäche jeder Aufwandsschätzung in der Softwareentwicklung ist allerdings, dass die Entwicklungszeit bzw. -aufwand geschätzt wird. Wir wissen aber heute, dass Features den Großteil der Zeit von der Konzeption bis zur Fertigstellung mit Warten verbringen: Das Konzept ist fertig und dann liegt es monatelang im Product Backlog. Nach dem Design dauert es mehrere Tage, bis mit der Programmierung begonnen wird, und dann liegt das Feature eine Woche rum, bis es qualitätsgesichert wurde. Und dann ist das Feature lieferbar, aber noch nicht geliefert. Die Releaseprozesse im Unternehmen können erneut zu einer monatelangen Wartezeit führen, bis Anwender das Feature benutzen können. In einem solchen Szenario nehmen die Tätigkeiten, die wir schätzen, nur einen Bruchteil der Entwicklungszeit ein. Und damit spielt es im Grunde auch keine Rolle, ob ein Product Backlog Item 3 oder 20 Story Points groß ist. Der Unterschied in der Gesamtdauer liegt vielleicht unter 10%.

Wie groß dieser Effekt ist, schwankt sehr stark zwischen Unternehmen. Er sollte aber auf jeden Fall bedacht und diskutiert werden, um eine angemessene Form der Schätzung zu finden.

4.2 Releaseplanung

Die Mechanik der Releaseplanung in Scrum ist denkbar einfach. Wir benötigen nur zwei Zutaten:

1. Die Gesamtschätzung des Product Backlog (z.B. in Story Points)
2. Die durchschnittliche Entwicklungsgeschwindigkeit (Velocity) des Teams (Wir beschreiben unten, wie man die Velocity ermitteln kann.)

Aufbauend auf diesen beiden Informationen kann man das Release *scope-* oder *zeitbasiert* planen (siehe Abb. 4–6).

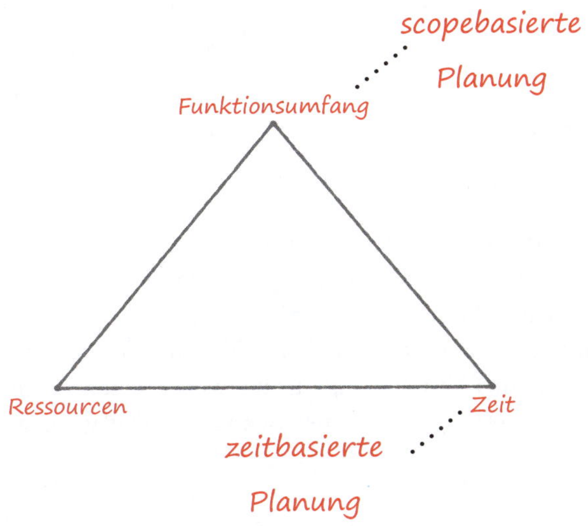

Abb. 4–6 *Scope- und zeitbasierte Planung*

Bei der scopebasierten Planung gehen wir davon aus, dass alle Einträge des Product Backlog umgesetzt werden müssen, und wollen wissen, wie lange dies mit dem Team dauert. Dazu müssen wir einfach die Schätzung des Product Backlog durch die Entwicklungsgeschwindigkeit teilen. Damit erhalten wir die ungefähr notwendige Anzahl an Sprints und können daraus die benötigte Anzahl an Wochen berechnen.

Bei der zeitbasierten Planung haben wir einen Wunschtermin vorgegeben. Wir wollen wissen, wie viel aus dem Product Backlog bis zu diesem Termin umgesetzt werden kann. Dazu multiplizieren wir die Entwicklungsgeschwindigkeit des Teams mit der Anzahl der verfügbaren Sprints. Liegt der ermittelte Wert über der Gesamtschätzung des Product Backlog, versucht der Product Owner durch Priorisierung ein wertvolles Release mit der möglichen Story-Point-Anzahl zu konzipieren. Gelingt dies nicht, muss er mit dem Sponsor des Projekts sprechen, ob der Termin doch verschoben, die Vision verändert oder das Projekt abgebrochen werden sollte. Abbildung 4–7 zeigt beide Verfahren zur Releaseplanung im Vergleich.

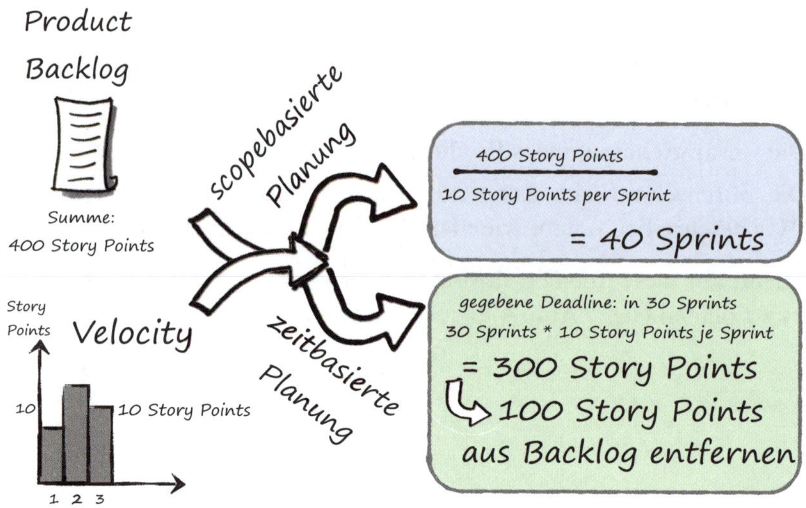

Abb. 4–7 *Scope- und zeitbasierte Releaseplanung*

In vielen Fällen ist die zeitbasierte Planung die natürliche Wahl. Termine sind extern durch Messetermine, das Weihnachtsgeschäft, gesetzliche Vorgaben etc. vorgegeben. Auch wenn kein Termin extern vorgegeben ist, empfehlen wir eine zeitbasierte Planung. So wird auch bei der Releaseplanung mit einer Timebox gearbeitet. Das führt zur Fokussierung auf die wertvollsten Features und gibt uns die Möglichkeit, auf den langen Rattenschwanz der relativ wertlosen Features zu verzichten.

4.2.1 Ermitteln der Velocity

Die oben beschriebene Mechanik der scope- bzw. zeitbasierten Releaseplanung geht davon aus, dass die Entwicklungsgeschwindigkeit (Velocity) bekannt ist. Die größte Verlässlichkeit erhält man, wenn das Team bereits drei oder mehr Sprints lang zusammengearbeitet hat. Wenn das nicht der Fall ist, kann man sich pragmatisch behelfen:

- Man kann die Velocity raten. Das klingt vielleicht absurd, aber nichts anderes macht man beim klassischen Vorgehen. Auch dort weiß man vorher nicht genau, wie produktiv das zusammengestellte Team sein wird. Wo Raten heute gut funktioniert, wird es das mit Scrum vermutlich auch.
- Man kann eine erste Sprint-Planung durchführen (siehe [Cohn 2010]). Dann weiß man, wie viele Story Points das Team in den Sprint einplanen würde, und kann auf dieser Basis prognostizieren, wie viele Sprints das Team für das ganze Product Backlog benötigen würde. Man darf aber nicht vergessen, dass dieser Ansatz auf Spekulationen (der Planung) und nicht auf Daten (Velocity) basiert. Viele Teams überschätzen sich im ersten Sprint erheblich.

- Man kann sich die Velocity eines ähnlich zusammengesetzten Teams ansehen und vermuten, dass die Velocity in diesem neuen Team ähnlich sein wird.

Alle diese Ansätze liefern eine schlechter validierte Velocity als das Beobachten des Teams über mehrere Sprints hinweg. Wenn eine verlässliche Releaseplanung eine wichtige Rolle spielt, sollte man überlegen, wie man langfristig stabile Teams etablieren kann. Dann lässt sich die Velocity der Vergangenheit (auch, wenn es ein anderes Projekt war) besser in die Zukunft prognostizieren.

4.3 Release-Controlling

Ist das Release einmal geplant, gehen wir davon aus, dass sich die Realität anders entwickeln wird. Dazu ist es notwendig, das Release kontinuierlich im Auge zu behalten. Qualitativ geschieht dies über das Sprint-Review. Quantitativ arbeiten die meisten Product Owner mit *Release-Burndown-Charts.*

4.3.1 Release-Burndown-Charts

Das Release-Burndown-Chart zeigt in Form eines Balkendiagramms den Restaufwand nach jedem Sprint (siehe Abb. 4–8). Wenn wir mit Story Points schätzen, ist dieser in Story Points angegeben. Für die Aussagekraft des Charts ist es aber letztlich unerheblich, was gemessen wird, solange es einheitlich ist. Daher muss für die y-Achse auch nicht angegeben werden, wie groß der Wert tatsächlich ist.

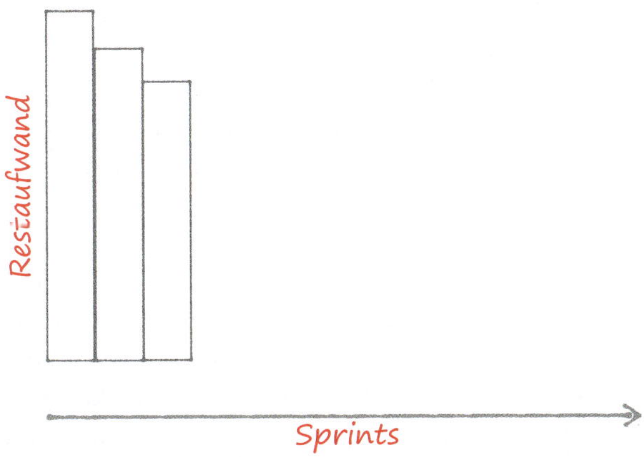

Abb. 4–8 *Release-Burndown-Chart*

Für die Prognose können wir grob die untere Linie (in Abb. 4–9 blau) verlängern und schauen, wo diese die Trendlinie des Restaufwands (in der Abbildung grün) schneidet: Hier liegt der ungefähre Releasetermin. In Abbildung 4–9 haben wir einen Wunschtermin mit der roten Linie visualisiert. Wenn die rote Linie wie in der Abbildung vor dem Schnittpunkt der blauen und grünen Linie liegt, haben wir drei Möglichkeiten:

1. Wir können die rote Linie nach hinten verschieben (also den Termin verschieben).
2. Wir können die grüne Linie nach unten schieben (also die Produktivität erhöhen). Auch wenn das Team kontinuierlich seinen Prozess verbessert, sollte man hier keine relevante Produktivitätsverbesserung auf die Schnelle erwarten. Faktisch läuft das Verschieben der grünen Linie immer darauf hinaus, weitere Personen ins Team zu integrieren oder sogar komplett neue Teams aufzubauen. Beides ist nur dann sinnvoll, wenn es früh im Projekt passiert, und man muss damit rechnen, dass das Team/die Teams erst einmal langsamer sind als vorher.
3. Wir können die blaue Linie nach oben schieben (also den Umfang des Product Backlog reduzieren). Diese Variante wird in Scrum präferiert, weil wir davon ausgehen, dass viele der initial ins Product Backlog geschriebenen Features nicht wirklich wertvoll sind.

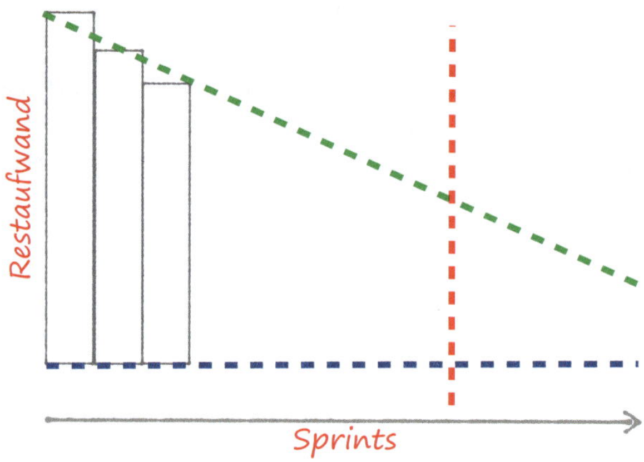

Abb. 4–9 *Prognose mit Release-Burndown-Chart*

Wenn wir den Umfang des Product Backlog reduzieren, bilden wir dies im Release-Burndown-Chart dadurch ab, dass die Balken mit dem Restaufwand unten verkürzt werden (siehe Abb. 4–10). Wenn später wieder Einträge ins Product Backlog aufgenommen werden, verlängern sich die Balken natürlich wieder nach unten. Änderungen der Balken am oberen Ende drücken also die Entwicklungsgeschwindigkeit aus, Änderungen am unteren Ende Veränderungen am Product Backlog.

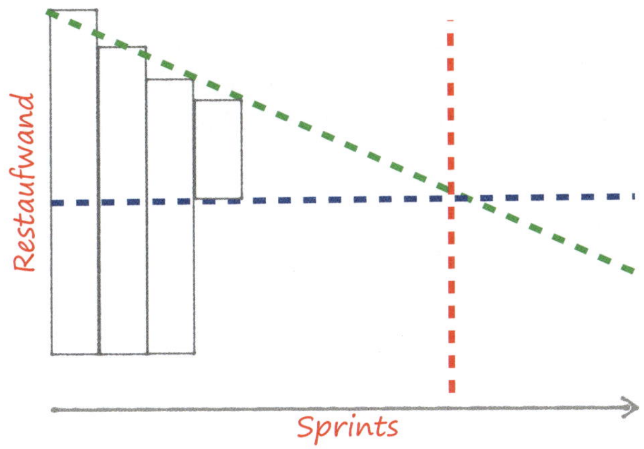

Abb. 4–10 *Umfang reduzieren*

Sowohl die Entwicklungsgeschwindigkeit des Teams wie auch der Umfang des Product Backlog unterliegen Schwankungen. Je weiter wir in die Zukunft sehen, desto größer können die Gesamtschwankungen sein. Genau genommen müsste man bei Release-Burndown- Charts also mit Bereichen statt Linien arbeiten (siehe Abb. 4–11). Der erste Schnittpunkt des blauen und grünen Bereichs ist nach aktuellem Kenntnisstand der frühestmögliche – sehr unwahrscheinliche – Fertigstellungstermin (Best Case). Dort, wo sich die obere grüne und die untere blaue Linie schneiden würden (außerhalb der Abbildung), wäre der Worst Case, der zum Glück auch sehr unwahrscheinlich ist. Irgendwo dazwischen wird vermutlich die Wahrheit (der tatsächliche Fertigstellungstermin) liegen.

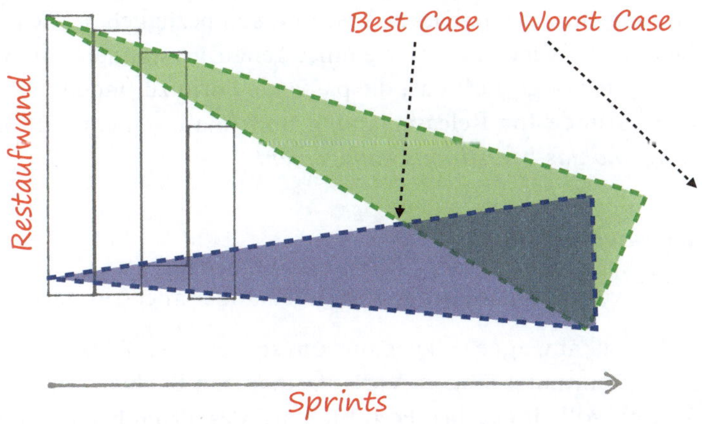

Abb. 4–11 *Unsicherheiten kennzeichnen*

Mit Release-Burndown-Charts in Balkendiagrammform lassen sich pathologische Fälle leicht erkennen. Abbildung 4–12 zeigt einen sogenannten *Death March*

(Todesmarsch): Mit jedem Sprint kommen mehr neue Einträge ins Product Backlog hinzu, als abgearbeitet werden können. Mit dieser Information können wir jetzt früh die notwendigen Diskussionen führen: Sind diese Features wirklich alle notwendig? Brauchen wir zusätzliche Teams? Lohnt das ganze Vorhaben überhaupt?

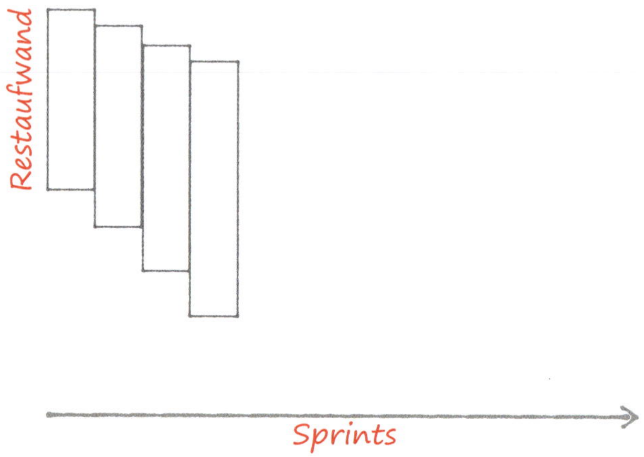

Abb. 4–12 *Death March*

4.4 Das Warum der Releaseplanung

Denjenigen, die mit Softwareentwicklung in Unternehmen zu tun haben, ist klar, dass man Releaseplanung und -management braucht. Die meisten können aber nicht klar benennen, warum. Dieser Abschnitt soll bezüglich des Warum zu mehr Klarheit beitragen. Wenn man erst einmal genau verstanden hat, warum man Releaseplanung benötigt, hilft das, die passende Form zu finden. Die beiden vorherrschenden Gründe für Releaseplanung und -management sind die *Rendezvous-Planung und das Investitionsmanagement.*

4.4.1 Rendezvous-Planung

Häufig müssen verschiedene Aktivitäten aufeinander abgestimmt werden, z.B.:

- Die Marketingkampagne soll genau dann starten, wenn das Produkt fertig ist, aber benötigt mitunter längere Vorlaufzeiten zum Buchen von Anzeigen.
- Der Vertrieb soll direkt bei Fertigstellung des Produkts mit dem Verkauf beginnen (vielleicht sogar schon vorher).
- Schulungen für die Nutzer müssen rechtzeitig eingeplant werden.
- Das neue Produkt soll auf einer bestimmten Messe vorgeführt werden.

Eine Laisser-faire-Haltung à la »Es ist fertig, wenn es fertig ist« optimiert einseitig die Bequemlichkeit des Entwicklungsteams, führt zu Verzögerungen und damit zu wirtschaftlichem Schaden für das Unternehmen.

Alle oben genannten Bedürfnisse brauchen eine große Sicherheit über den Fertigstellungstermin, allerdings nicht über die konkrete Featureliste. Wenn die Features grob zu jeweils einem Drittel in die Kategorien *Must Have*, *Should Have* und *Could Have* fallen, reicht häufig ein Bauchgefühl aus, um einen Termin zu nennen. Selbst wenn dann noch sehr viel schiefgeht, kann man zumindest die *Must-Have*-Features liefern. Bevor wir ohne Hosen dastehen, wollen wir wissen, wie die Shorts aussehen.

4.4.2 Beispiel: Marketing

Es lohnt sich auf jeden Fall, die konkreten Rendezvous-Partner und ihre Bedürfnisse zu kennen. So erwartet die Marketingabteilung vielleicht von uns, dass wir mindestens sechs Monate vor dem Fertigstellungstermin die Produktspezifikation mit allen Features liefern.

Wenn wir mit der Marketingabteilung in einen Dialog einsteigen, können wir herausfinden, warum sie die Informationen so früh benötigt: »Wir müssen Anzeigen in den großen Tageszeitungen mehrere Monate im Voraus buchen.« Ausgehend von dieser Information können wir klären, welche Informationen zu dem frühen Zeitpunkt notwendig sind. In unserem Marketingbeispiel benötigt die Marketingabteilung keineswegs die Feature-Liste zu dem frühen Zeitpunkt. Sie muss nur wissen, dass sie in sechs Monaten eine großflächige Anzeigenkampagne starten muss. Wir müssen uns bis hierhin also nur darauf festlegen, dass wir in sechs Monaten ein cooles Produkt haben werden.

Im Gespräch können wir dann herausfinden, bis wann der konkrete Anzeigeninhalt vorliegen muss (»einen Monat vorher«) und wie lange die Marketingabteilung zur Erstellung der Anzeige braucht (»zwei Wochen«). Außerdem können wir klären, wie viele Produktdetails für die Gestaltung der Anzeigen notwendig sind (»die coolen Key-Features«). Damit entspannt sich die Situation ganz erheblich. Denn sechs Wochen vor dem Release haben wir die wichtigen Features bereits entwickelt. Die Features, die danach noch entwickelt werden, werden vermutlich ohnehin nicht Gegenstand der Marketingkampagne werden.

4.4.3 Investitionsmanagement

Beim Investitionsmanagement geht es darum, das passende Budget für ein Projekt bereitzustellen. Releaseplanung hat dann die Aufgabe, dieses Budget zu ermitteln. Dafür benötigt man keineswegs die konkrete Feature-Liste. Es reicht aus, wenn wir eine Abschätzung darüber bekommen, in welchem Zeitraum bzw. mit welchem Budget ein bestimmtes *Ziel* erreicht werden kann.

Das Schätzen einer Feature-Liste bringt uns dieser Information bei innovativen Produkten nicht näher. Schließlich können wir jetzt noch gar nicht wissen, welche Features wir brauchen, um ein erfolgreiches Produkt zu entwickeln.

Abbildung 4–13 zeigt einen idealtypischen Investitionsverlauf (siehe [Denne & Cleland-Huang 2003]). Zuerst müssen wir in die Entwicklung investieren. Irgendwann beginnen wir, mit dem Produkt mehr Geld zu verdienen, als wir zusätzlich investieren müssen. Hier haben wir den Punkt der maximalen Investition erreicht. Gleichzeitig beginnt hier die Selbstfinanzierung. Die Entwicklung kostet monatlich weniger, als sie einbringt. Irgendwann haben wir dann den Breakeven erreicht: Wir verdienen tatsächlich Geld.

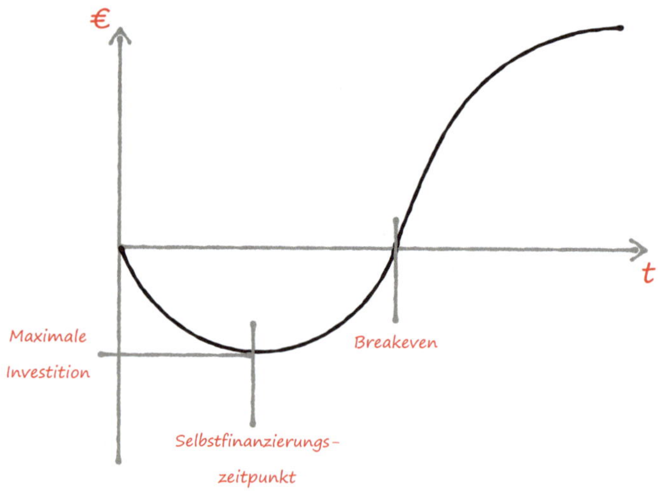

Abb. 4–13 *Investitionskurve*

Investitionen müssen nur bis zum Selbstfinanzierungszeitpunkt geplant werden. Danach kann man das Team einfach weiterarbeiten lassen. Natürlich wird man den Return on Investment (ROI) kontinuierlich beobachten, um bei Bedarf zu intervenieren. Ein Freigabeprozess für das Budget ist nach dem Selbstfinanzierungszeitpunkt aber nicht notwendig, sondern würde nur Kosten durch unnötigen Overhead erzeugen.

4.5 Das beste Releasemanagement ist Sprint-Management

Nachdem wir gesehen haben, wie Releasemanagement in Scrum stattfinden kann, möchten wir dafür sensibilisieren, dass es auch ohne gehen kann.

Ken Schwaber und Jeff Sutherland betonen in »Software in 30 days«, dass jeder Sprint einen positiven ROI haben soll (siehe [Schwaber & Sutherland 2012]): Jeder Sprint liefert ein einsetzbares Produktinkrement, dessen Nutzen seine Kosten übersteigt. Wenn wir das hinbekommen, dann erübrigt sich jegliche

Releaseplanung. Wir planen den nächsten Sprint, bewerten das Ergebnis im Review und entscheiden dann, ob wir einen weiteren Sprint in das Produkt investieren oder das Team lieber etwas Wertvolleres tun lassen (siehe Abb. 4–14).

Dadurch sinkt nicht nur der Verwaltungsoverhead, sondern das Unternehmen erhält mehr Handlungsoptionen: Es kann sehr schnell auf geänderte Bedingungen und neue Chancen reagieren. Diese Reaktionsfähigkeit kann je nach Kontext extrem wertvoll für das Unternehmen sein.

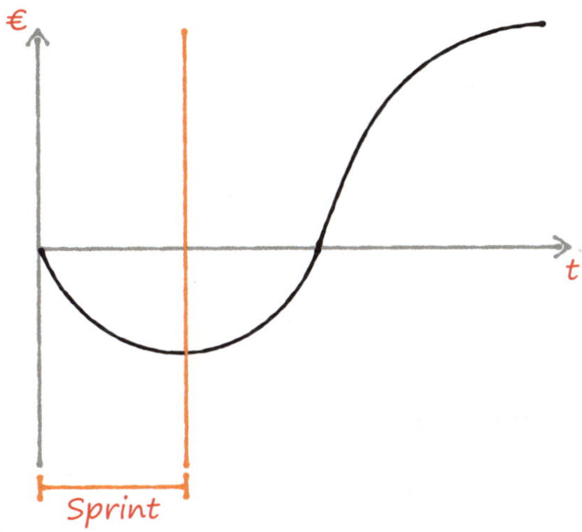

Abb. 4–14 *Ein Sprint bis zur Selbstfinanzierung*

Viele Unternehmen legen sich hingegen sehr früh auf langlaufende und teure Vorhaben fest und verlangen von den Teams entsprechend langfristige Releaseplanungen. Häufig ist das ökonomischer Unsinn.

Damit man tatsächlich auf Releaseplanung verzichten und das Ideal des selbstfinanzierenden Sprints erreichen kann, muss das Scrum-Team auch die Fähigkeit haben, einsetzbare wertvolle Software mit jedem Sprint zu liefern. Neu gebildete Scrum-Teams haben diese Fähigkeit häufig noch nicht und benötigen mehrere Sprints, um einen positiven ROI zu erzeugen (siehe Abb. 4–15).

Unserer Erfahrung nach wird in Unternehmen zu viel darüber gesprochen, wie man die Scrum-Entwicklung langfristig besser planen kann. Stattdessen sollte lieber mehr Energie darauf verwendet werden, mit jedem Sprint einsetzbare Software zu entwickeln.

Solange dieser Zustand noch nicht erreicht ist, können die hier beschriebenen Techniken beim Releasemanagement helfen. Dabei sollte man stets das Ziel im Auge behalten, die Releases immer weiter zu verkürzen und so irgendwann bei Sprint = Release anzukommen. Vielleicht wird dann auch Continuous Deployment (kontinuierliche Auslieferung; mehrfach am Tag) erreichbar (siehe [Humble & Farley 2010], [Wolff 2016]).

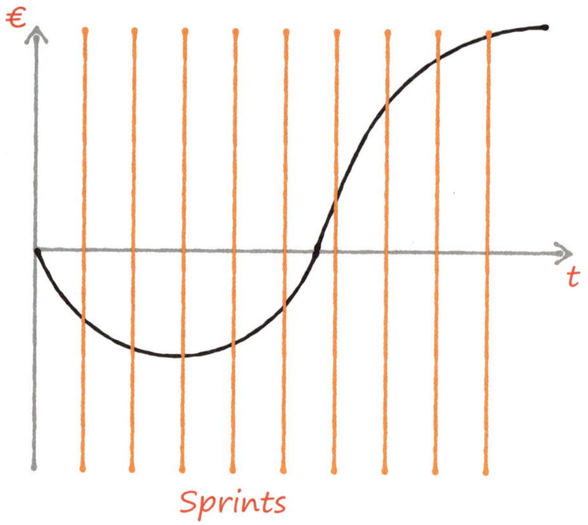

Abb. 4–15 *Mehrere Sprints bis zur Selbstfinanzierung*

4.6 Das Kapitel in Stichpunkten

- Es sollte nur so viel und so genau geschätzt werden, wie es für die Releaseplanung notwendig ist. Vielleicht reicht das Zählen von Product Backlog Items bereits aus.
- Viele Teams machen gute Erfahrungen mit der Schätzung in Story Points.
- Neben der Schätzung des Product Backlog geht die durchschnittliche Entwicklungsgeschwindigkeit (Velocity) des Teams in die Releaseplanung ein.
- Mit Release-Burndown-Charts in Balkendiagrammform kann der Entwicklungsfortschritt gut visualisiert werden.
- Es gibt inhärente Grenzen der Releaseplanung in Scrum: Man kann nicht vorhersagen, was man in den Sprint-Reviews lernen wird und zu welchen Änderungen am Product Backlog dies führen wird.
- Ideal ist es, wenn jeder Sprint wirklich lieferbare Software erzeugt und der ROI (Return on Investment) für jeden Sprint positiv ist. Dann braucht man gar keine Releaseplanung.
- Releaseplanung dient der Rendezvous-Planung. Wenn man die Rendezvous-Partner kennt, kann man mit ihnen häufig eine andere Zusammenarbeit vereinbaren und so zu leichtgewichtiger inkrementeller Releaseplanung kommen.

5 Festpreisverträge

In diesem Kapitel diskutieren wir die verschiedenen Formen von Festpreisverträgen und wie sie in agilen Projekten verwendet werden können. Neben dem klassischen Festpreis thematisieren wir den *garantierten Maximalpreis*, den *garantierten Minimalumfang* sowie *Money for Nothing, Change for Free*.

Wir beginnen jedoch mit einer genauen Betrachtung der Probleme, die mit klassischen Festpreisverträgen in der Softwareentwicklung entstehen.

5.1 Probleme mit Festpreisverträgen

5.1.1 Drei Steuerungsgrößen: Funktionsumfang, Ressourcen, Zeit

Die drei wichtigen Steuerungsgrößen für Projekte sind Funktionsumfang (Scope), Zeit und Ressourcen/Kosten. Diese drei Größen sind voneinander abhängig. Möchte ich mehr Funktionen haben, muss ich eine längere Entwicklungsdauer oder höhere Kosten akzeptieren. Reduziere ich die Produktivität des Teams, brauche ich länger und liefere weniger Features. Abbildung 5–1 veranschaulicht diesen Zusammenhang. (Manchmal taucht in der Literatur zum Projektmanagement noch eine vierte Steuerungsgröße auf: die Qualität. Diese betrachten wir in agiler Entwicklung nicht als Gegenstand der Diskussion und gehen davon aus, dass eine Qualitätsreduktion uns nicht schneller, sondern langsamer macht.)

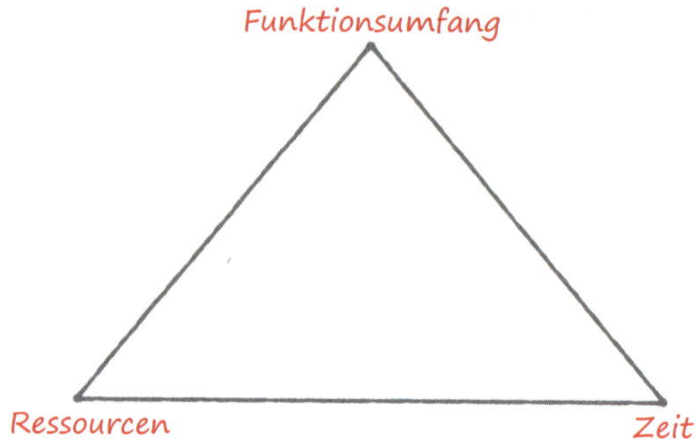

Abb. 5–1 *Steuerungsgrößen in Projekten*

5.1.2 Grenzen der Planbarkeit

Da Softwareentwicklung so gut wie immer auf Basis unvollständigen Wissens stattfindet (siehe Stacey-Landscape-Diagramm in Abb. 2–1), lassen sich Funktionsumfang, Ressourcen und Zeit nicht vorab fixieren. Scrum reflektiert diesen Umstand dadurch, dass es mit dem Sprint-Review sogar explizit zu Änderungen am Funktionsumfang einlädt. Im Gegensatz dazu versucht der Festpreis, solche Änderungen zu vermeiden.

Wir können die Situation etwas genauer betrachten: Wir alle kennen Situationen, in denen unsere Pläne nicht aufgegangen sind. Vielleicht haben wir schlicht Dinge übersehen, die wir hätten erkennen können. Viel wahrscheinlicher ist allerdings, dass wir Opfer von Varianzen wurden. Die möglichen Varianzen sind dabei äußerst vielfältig:

- Technologien, mit denen im Team noch nicht viel Erfahrung vorlagen, entpuppten sich als komplizierter als gedacht.
- Wichtige Teammitglieder sind erkrankt oder haben das Unternehmen verlassen.
- Das Management hat Teammitglieder in andere Projekte verschoben.
- Aufgrund einer neuen Marktsituation haben sich die Prioritäten des Unternehmens geändert.
- Es können neue Anforderungen entdeckt worden sein, weil die Kunden ihre Bedürfnisse besser verstanden haben.
- etc.

Wenn wir mit Teams Varianzen brainstormen, die diese bereits erlebt haben, finden wir in wenigen Minuten leicht hundert oder mehr.

Ein Teil dieser Varianzen ist unerwünscht, aber leider unvermeidbar (z.B. Krankheit). Ein anderer Teil ist *unerwünscht, aber vermeidbar*: Das Unternehmen erzeugt diese Varianzen selbst (z.B. Austausch von Teammitgliedern). Diese Varianzen nennt man in Scrum übrigens Hindernisse (Impediments) und sieht den Scrum Master in der Verantwortung, sich darum zu kümmern. Spannend ist der dritte Teil von Varianzen; dieser ist ausdrücklich *erwünscht*. Dazu gehören Umpriorisierungen und neue Anforderungen. Sie sind Ausdruck eines kontinuierlichen Lernprozesses. Diese Varianzen zu unterdrücken, bedeutet, Planeinhaltung höher zu bewerten als Wertschöpfung.

Wir müssen lernen, Änderungen am Funktionsumfang nicht als notwendiges Übel zu akzeptieren, sondern als Chance, die Wertschöpfung zu optimieren. Entsprechend sollten wir Verträge präferieren, die Änderungen willkommen heißen und nicht ablehnen.

5.1.3 Unternehmen müssen sich wandeln

Viele Unternehmen haben sich Strukturen gegeben, die erwarten, dass für die Projektfreigabe alle drei Steuerungsgrößen fixiert definiert sind. Folglich sehen sich Projektverantwortliche häufig gezwungen, nach Festpreis zu beauftragen. Allerdings sind mit solchen Unternehmensvorgaben die Abhängigkeiten zwischen den drei Steuerungsgrößen nicht aus der Welt. Am Ende müssen wir die Strukturen im Unternehmen so anpassen, dass sie einen sinnvollen Umgang mit den drei Steuerungsgrößen erlauben. Diese Reorganisation mag schwierig und schmerzhaft erscheinen. Sie deshalb nicht in Angriff zu nehmen, ist aus ökonomischer Sicht aber fahrlässig.

Releaseplanung, die mit der agilen Denkweise harmoniert, akzeptiert die Abhängigkeiten und Unwägbarkeiten der drei Steuerungsgrößen.

Bei klassischer Entwicklung nach dem Wasserfallmodell existieren die Abhängigkeiten zwischen den Variablen genauso wie die Unwägbarkeiten bei der Entwicklung. Man versucht aber, sich damit nicht auseinandersetzen zu müssen (z.B. indem man am Anfang den Funktionsumfang fixiert und lieber das entwickelt, was definiert wurde, als das, was wertvoll für das Unternehmen ist). Agile Verfahren machen die Probleme lediglich früher sichtbar und zwingen uns, damit explizit und bewusst umzugehen.

Und selbst wenn wir uns damit abfinden würden, die Funktionen zu entwickeln, die bestellt wurden (und nicht die, die für die Kunden wertvoll wären), geraten wir schnell in Probleme. Es existieren keine praktikablen Verfahren, mit denen sich Anforderungen vollständig, widerspruchsfrei und korrekt beschreiben ließen. Es gibt in jedem relevanten Projekt Überraschungen. Wieder lässt uns die Fixierung der drei Steuerungsgrößen keinen Handlungsfreiraum, um vernünftig mit diesen Überraschungen umzugehen. Allzu oft führen die Entwickler dann eine vierte Variable in das Projekt ein: die Qualität.

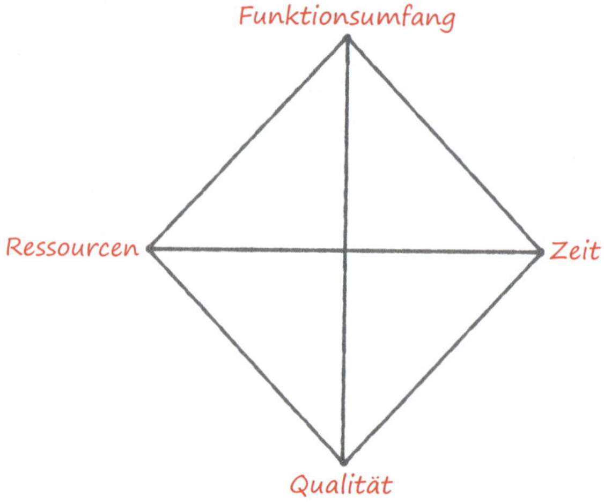

Abb. 5–2 *Schlechte Idee: Qualität als Steuerungsgröße*

Mit diesem »Trick« können Überraschungen bezüglich des Aufwands vermeintlich elegant abgefedert werden. Die Entwickler sparen bei der Codequalität und Dokumentation und der Projektleiter streicht die Zeit für das Testen des Systems zusammen. Diese Maßnahmen haben aber nur einen sehr kurzfristigen Effekt mit verheerenden Langzeitschäden (System nicht mehr weiterentwickelbar; Fehler in Produktion).

5.1.4 Interessenkonflikt zwischen Auftraggeber und Auftragnehmer

Der klassische Festpreis richtet die Interessen von Auftraggeber und Auftragnehmer gegeneinander (siehe [Beck & Cleal 1999]). Ein Festpreisvertrag gibt Anreize für den Auftraggeber, eine möglichst umfangreiche und hochqualitative Lieferung zu erhalten. Er möchte möglichst viel für sein Geld bekommen. Der Anbieter hingegen möchte seinen vertraglichen Verpflichtungen möglichst kostengünstig nachkommen. Er möchte möglichst wenig Aufwand investieren für den vereinbarten Preis. Damit sind die Interessen von Auftraggeber und Anbieter entgegengesetzt gerichtet. Wenn der Vertragsgegenstand relativ einfach ist, kann man den daraus entstehenden Dysfunktionen durch Standards entgegenwirken. Beim Straßenbau sind dadurch die Interpretationsmöglichkeiten des Liefergegenstands so weit eingeschränkt, dass der Interessenkonflikt handhabbar wird (auch wenn hier viele Beispiele zeigen, dass der Konflikt bestehen bleibt und durchaus Probleme erzeugen kann). Bei der Softwareentwicklung handelt es sich allerdings um einen sehr komplexen Liefergegenstand, der immer auch innovative Anteile enthält. Alle Versuche der letzten Jahrzehnte, Software eindeutig, korrekt und widerspruchsfrei zu beschreiben, sind faktisch gescheitert. Es gibt immer viel Interpretationsspielraum, was unter einer Funktionalität genau zu verstehen ist.

5.2 Festpreis trotzdem mit agilen Techniken durchführen

Der klassische Festpreis ist sicher nicht die optimale Vertragsform, um damit agile Projekte durchzuführen. Änderungen an dem geplanten Funktionsumfang sind nur schwer möglich.

Wenn allerdings ein Festpreisvertrag gesetzt ist, ist eine agile Durchführung (mit der Einschränkung des inflexiblen Funktionsumfangs) meistens trotzdem sinnvoll. Die Abfolge aus Lastenheft, Pflichtenheft, Umsetzung und Abnahme bleibt erhalten. Allerdings wird das Pflichtenheft weniger detailliert erstellt als beim klassischen Vorgehen – schließlich ist das *Wie* der Umsetzung Bestandteil der Sprint-Planung und der Arbeit im Sprint selbst. Die Umsetzung erfolgt dann – soweit es in dem gegebenen Rahmen noch möglich ist – mit agilen Techniken. Wir sprechen bewusst nicht davon, dass das Projekt agil durchgeführt wird, denn dafür müssten die Anforderungen flexibel sein. Trotzdem ist es vorteilhaft, aus dem Lastenheft ein Product Backlog abzuleiten und in Sprints zu entwickeln (siehe Abb. 5–3). Die Sprint-Planung erfolgt gemeinsam zwischen Auftraggeber und Auftragnehmer, sodass eine für Auftraggeber und Auftragnehmer wertschöpfende Priorisierung vorgenommen wird. Nach jedem Sprint findet ein Review statt, in dem der Auftragnehmer dem Auftraggeber das lieferbare Produktinkrement vorstellt. Der Auftraggeber nimmt dort eine Vorabnahme vor, in der er bestätigt, dass die demonstrierten Features seinen Vorstellungen entsprechen.

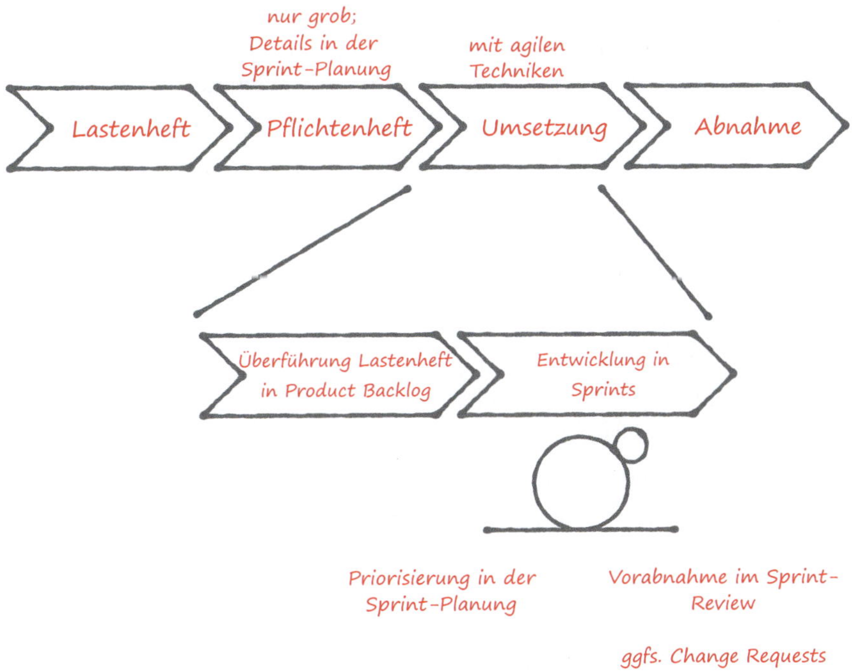

Abb. 5–3 *Entwicklung mit agilen Techniken im Festpreisvertrag*

5.2.1 Aufwandsschätzung

Die Aufwandsschätzung ist bei Festpreisverträgen immer eine der großen Unbekannten und für den Auftragnehmer ein relevantes Risiko. Das ändert sich durch eine agile Vorgehensweise bei der Umsetzung erst einmal nicht. Grob kann man festhalten: Wenn die Aufwandsschätzungen im bisherigen Wasserfallverfahren gepasst haben, werden sie das mit agilem Vorgehen vermutlich immer noch tun. Wenn die Aufwandsschätzungen bisher nicht gepasst haben, wird sich durch eine agile Umsetzung vermutlich wenig daran ändern. Die Ursache für die Abweichungen zwischen geschätztem und tatsächlichem Aufwand wird vermutlich nicht in der Schätzmethodik liegen, sondern in Varianzen beim Dienstleister und beim Auftraggeber.

Man kann seine Aufwandsschätzung allerdings querprüfen durch die Techniken, die wir im Kapitel zur Releaseplanung zur Abschätzung der initialen Velocity beschrieben haben (siehe Abschnitt 4.2.1).

5.2.2 Schwächen der Planung identifizieren

Die inkrementelle Vorgehensweise und Release-Burndown-Charts machen allerdings deutlich früher sichtbar, ob die Schätzung stimmt. Häufig setzen Product Owner oder Teams zusätzlich zum Release-Burndown-Chart noch ein Budget-Burnup-Chart[1] ein (siehe Abb. 5–4). Über das Release-Burndown-Chart in der oberen Hälfte der Abbildung kann man schnell erkennen, ob der anvisierte Termin realistisch ist. Über das Budget-Burnup-Chart in der unteren Hälfte der Abbildung kann man früh erkennen, ob die initiale Schätzung, die Basis des Festpreises ist, passt.

1. Der Name »Burnup« ist zugegebenermaßen etwas eigenartig: Durch Verbrennen wird etwas nicht mehr. Allerdings hat sich der Begriff für ein umgedrehtes Burndown-Chart eingebürgert.

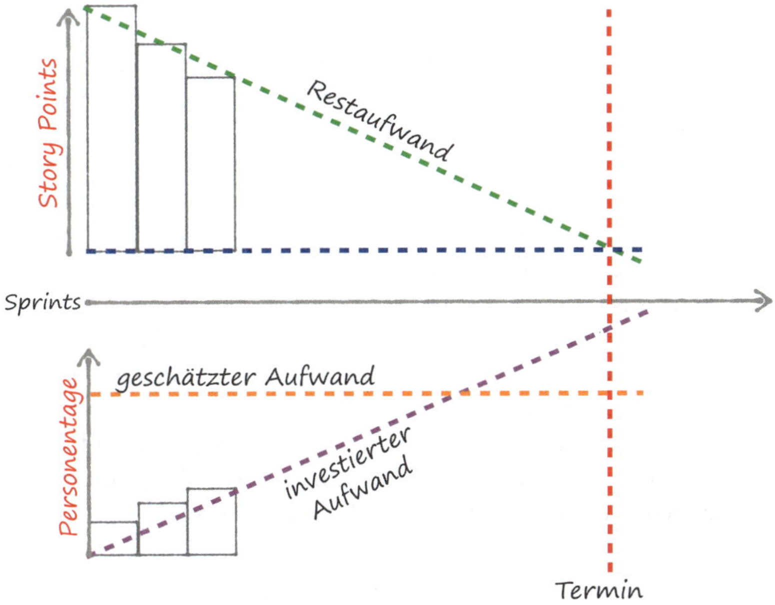

Abb. 5–4 *Release-Burndown- und Budget-Burnup-Chart*

Wenn auf diese Art und Weise sichtbar wird, dass die Schätzung deutlich zu niedrig ist, ist das zunächst natürlich eine unangenehme Erkenntnis. Diese unangenehme Transparenz generiert allerdings Optionen. Der Dienstleister kann sich jetzt früh im Projekt überlegen, wie er mit dem Problem umgeht. Im Wasserfallmodell werden Aufwandsüberschreitungen häufig erst spät sichtbar. Da dann der Großteil des Aufwands bereits verbraucht und nur noch wenig Zeit zum Reagieren ist, ist der Handlungsspielraum sehr klein. Stellen wir hingegen bereits nach wenigen Sprints fest, dass die initiale Aufwandsschätzung deutlich zu niedrig war, hat der Dienstleister erheblich mehr Optionen.

Der Dienstleister kann (und sollte) in den Dialog mit dem Auftraggeber eintreten, um die Situation zu besprechen. Mitunter ergeben sich in diesem Dialog neue Möglichkeiten (z. B. könnte man feststellen, dass man das Ziel des Auftraggebers preisgünstiger mit anderen Features erreichen kann). Im schlimmsten Fall könnte der Dienstleister mit dem Auftraggeber über einen Projektabbruch verhandeln. Er wird dann vermutlich die geleisteten Aufwände selbst tragen müssen. Allerdings sind diese überschaubar, wenn das Problem früh identifiziert wird. Wenn das alles nichts hilft, hat der Dienstleister natürlich seiner Verantwortung nachzukommen und das Aufwandsrisiko zu tragen. Er kann dann Rückstellungen bilden und seine anderen Projekt so organisieren, dass sie die finanziellen Defizite des problematischen Projekts decken.

5.2.3 Change Requests

Wird im Sprint-Review sichtbar, dass bestimmte Features benötigt werden, die nicht im Lastenheft beschrieben waren, veranlasst der Auftraggeber ggf. Änderungsanforderungen. Wikipedia definiert dazu:

»Eine Anforderungsänderung (auch Change Request abgekürzt CR) bezeichnet im Änderungswesen von Projekten einen formalisierten Wunsch nach Veränderung der Eigenschaften eines bestimmten Produktmerkmals. Jede Änderungsanforderung sollte in einem kontrollierten Prozess bewertet, entschieden und kommuniziert werden.«

Allzu oft ist der in dieser Definition geforderte »kontrollierte Prozess« bürokratisch und schwerfällig (Genehmigung durch Gremium notwendig, das nur selten tagt und umfangreiche Antragsdokumente erwartet). Leichtgewichtiger wird es, wenn bereits zu Projektbeginn ein Mehraufwandsbudget vereinbart wird, aus dem der Auftraggeber unbürokratisch und schnell neue oder geänderte Anforderungen finanzieren kann. Das Mehraufwandsbudget beträgt häufig 20 % des Projektvolumens.

5.2.4 Priorisierung der Features

Für die Priorisierung der Features bietet sich das Risk-Value-Schema an (siehe Abb. 5–5). Die Features werden entlang der Dimensionen Wert (für den Auftraggeber) und Realisierungsrisiko (für den Auftragnehmer) angeordnet.

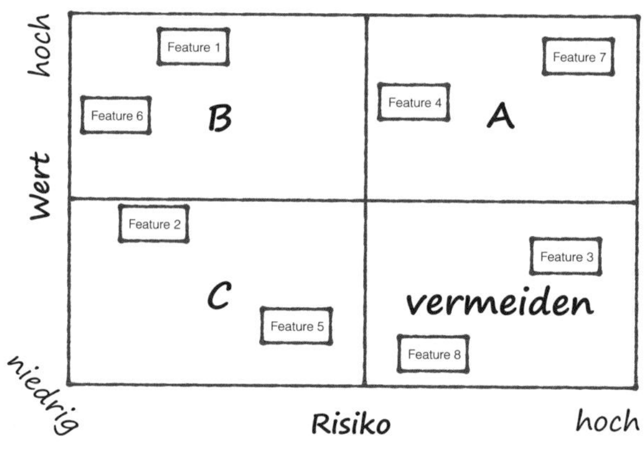

Abb. 5–5 *Priorisierung nach Risiko und Wert*

Tendenziell wird man zuerst die Features entwickeln, die einen hohen Wert und ein hohes Risiko haben: Wenn sich ein Feature gar nicht oder nur zu erheblich höheren Kosten entwickeln lässt als geplant, möchte man das früh wissen und nicht spät. Durch dieses frühe Sichtbarmachen von Problemen entstehen Optionen, die nicht mehr möglich sind, wenn die Probleme erst spät sichtbar werden. Die möglichen Optionen haben wir weiter oben bereits beschrieben.

5.2.5 Vorteile agiler Techniken im Festpreis

Auftraggeber und Auftragnehmer haben in klassischen Festpreiskonstellationen folgende Vorteile von agilen Vorgehensweisen:

- Durch das häufige Feedback gewinnen Auftraggeber und Auftragnehmer die Sicherheit, dass das Richtige entwickelt wird (und keine groben Missverständnisse darüber vorliegen, was für ein System entwickelt werden soll).
- Die bessere Vorhersagbarkeit agiler Verfahren führt dazu, dass der Auftragnehmer früh abschätzen kann, ob seine Aufwandsschätzung valide ist bzw. wie weit sie daneben liegt.
- Durch den häufigen persönlichen Kontakt zwischen Auftraggeber und Auftragnehmer baut sich gegenseitiges Vertrauen auf. Auf dieser Basis können Probleme im Projekt schnell und effektiv gemeinsam beseitigt werden. Außerdem bietet das aufgebaute Vertrauen die Chance, das nächste Projekt mit einer anderen Vertragsform durchzuführen.

5.2.6 Erfahrungen

Nach unseren Erfahrungen wirkt der Einsatz der beschriebenen agilen Techniken extrem risikominimierend in Festpreisprojekten. Der Auftragnehmer weiß früh, ob er ein valides Verständnis der Anforderungen hat, der Auftraggeber sieht früh, ob seine Anforderungen tatsächlich seine Bedürfnisse befriedigen, und beide Parteien haben die Sicherheit, ob Zeit- und Kostenplan realistisch sind.

In einem Projekt haben wir sehr gute Erfahrungen damit gemacht, dass das Team zusammen mit dem Product Owner ein Release-Burndown- und Budget-Burnup-Chart auf ein Flipchart gezeichnet und im Teamraum aufgehängt hat. Durch die gemeinsame Erstellung und Aktualisierung der Diagramme wurde ein Gefühl gemeinsamer Verantwortung gefördert. Durch die Transparenz bezüglich des Budgets hat das Entwicklungsteam aktiv darüber nachgedacht, wie leichtgewichtige Lösungen gefunden werden können. Es wird deutlich unwahrscheinlicher, dass das Team »in Schönheit stirbt« und damit dem eigenen Unternehmen großen Schaden zufügt.

Interessanterweise tun sich viele Unternehmen mit dieser Art von Transparenz schwer. Unserer Beobachtung nach liegt dem häufig ein falsches Verständnis agiler Verfahren zugrunde. In Scrum soll das Team vor unnötigen Störungen geschützt werden. Das bedeutet aber *nicht*, dass unangenehme Informationen vor dem Team verborgen werden. Ganz im Gegenteil: Nur wenn das Team die Probleme und Unzufriedenheiten kennt, kann es selbst angemessene Lösungen erarbeiten.

Trotz der Vorteile agiler Verfahren im Festpreis ist der Festpreis nicht die optimale Vertragsform für agile Projekte: Der Vertrag schreit die Beteiligten geradezu an, dass Lernen unerwünscht ist. Es läuft für alle Beteiligten viel reibungsloser, wenn man nichts lernt und alles so macht, wie im Lastenheft beschrieben.

Wir haben bei it-agile dazu konkret genau diese Erfahrung gemacht: Wir arbeiten mit einem Team beim Kunden im Festpreis. Das Projekt verläuft ganz gut. Wir stellen einen neuen hochmotivierten Entwickler direkt von der Uni ein und integrieren ihn ins Team. Er entwickelt im Sprint mit, und wir demonstrieren das Produktinkrement vor dem Product Owner der Fachseite sowie ausgewählten Anwendern. Das Feedback der Fachseite ist positiv, die Stimmung ist ausgelassen. Spontan hat der neue Entwickler eine Idee, die er in die Diskussion wirft: »Mir fällt gerade ein: Wenn wir die Felder der beiden Fenster X und Y in einem Fenster integrieren, wäre das im Arbeitsablauf für die Anwender nicht viel einfacher und übersichtlicher?« Die Anwender finden das eine sehr gute Idee, der Product Owner auch. Der Product Owner ist der Meinung, dass der Auftragnehmer die entsprechende Änderung im Rahmen des Vertrags vorzunehmen hat. Es ist schließlich so offensichtlich, dass selbst ein Neuling von der Uni darauf kommt. Die Stimmung sinkt, und es entsteht die klassische Diskussion, ob es sich um einen Bug oder ein Feature handelt – also ob die Mehrkosten zulasten des Auftraggebers oder Auftragnehmers gehen. Diese Erfahrung strahlt auf die Entwickler so negativ aus, dass sie sich in Zukunft mit ihren Vorschlägen zurückhalten. Unbewusst und ungewollt haben die Beteiligten damit Innovation in dem Projekt zu Grabe getragen: Festpreisverträge behindern spürbar Innovation.

Und trotzdem sagen wir aus Erfahrung: Wenn es Festpreis sein muss, würden wir das Projekt immer mit möglichst vielen agilen Praktiken durchführen.

5.3 Garantierter Maximalpreis

Das Konzept des garantierten Maximalpreises stammt ursprünglich aus der Baubranche[2], und man möchte mit dieser Vertragsform die Interessen von Auftraggeber und Auftragnehmer in dieselbe Richtung lenken. Dazu wird ein Maximalpreis vereinbart, der nicht überschritten wird. Wird die Entwicklung teurer als der vereinbarte Maximalpreis, geht dies zulasten des Anbieters. Wird die Entwicklung hingegen günstiger als der Maximalpreis, legt der Anbieter gegenüber dem Auftraggeber seine Bücher offen. Der nicht verbrauchte Betrag wird nach einem vorher festgelegten Schlüssel (z.B. 50:50) zwischen Auftraggeber und Anbieter aufgeteilt (siehe Abb. 5–6).

2. *http://de.wikipedia.org/wiki/Garantierter_Maximalpreis_(Baubranche).*

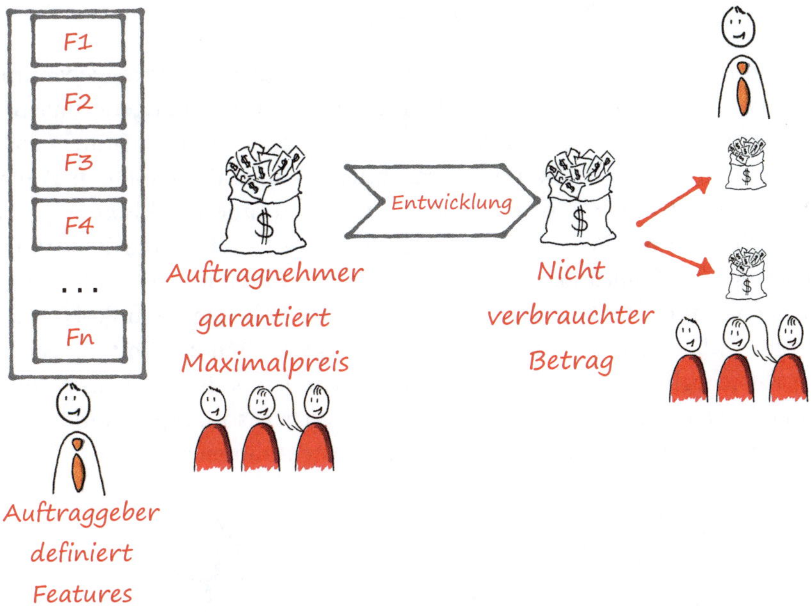

Abb. 5–6 *Garantierter Maximalpreis*

Damit werden die Interessen von Auftraggeber und Anbieter in dieselbe Richtung gelenkt: Beide sind daran interessiert, das Ziel möglichst schnell und preisgünstig zu erreichen. Der Auftraggeber zahlt so weniger für die Zielerreichung und der Anbieter hat eine höhere Marge, wenn das Ziel mit weniger Aufwand erreicht werden kann.

5.3.1 Erfahrungen

Im Gegensatz zum reinen Festpreis reduziert der garantierte Maximalpreis die Gewinnchance für den Auftragnehmer. Kann er die vereinbarten Features günstiger entwickeln als veranschlagt, ist sein Gewinn im klassischen Festpreis höher als beim garantierten Maximalpreis. Tendenziell wird der Auftragnehmer daher einen höheren Maximalpreis anbieten, als er dies beim klassischen Festpreis getan hätte. Bei Ausschreibungen wird man mit dem garantierten Maximalpreis vermutlich nur dann erfolgreich sein, wenn der Auftraggeber von allen Anbietern ein Angebot mit garantiertem Maximalpreis fordert.

5.4 Garantierter Minimalumfang

Der garantierte Maximalpreis stellt insbesondere große Auftraggeber mitunter vor unerwartete Probleme. Sie haben aufgrund ihrer Budgetierungsprozesse Schwierigkeiten mit flexiblen Budgets (auch solchen, die nach unten vom Plan abweichen). In diesem Fall kann der garantierte Minimalumfang eine Alternative darstellen. Die Denkweise ist dieselbe wie beim garantierten Maximalpreis, aber die Stellschraube ist nicht der Preis, sondern der Umfang (die Funktionalität). Dazu werden die Funktionalitäten in Must-have-, Should-have- und Could-have-Features eingeteilt. Der Anbieter garantiert für einen bestimmten Preis einen Mindestumfang (die Must-have-Features). Übersteigt der Mindestumfang den vereinbarten Kostenrahmen, geht dies zulasten des Anbieters. Ist mit dem Mindestumfang der Kostenrahmen nicht ausgeschöpft, werden so lange Should-have- und Could-have-Features entwickelt, wie es der Kostenrahmen zulässt.

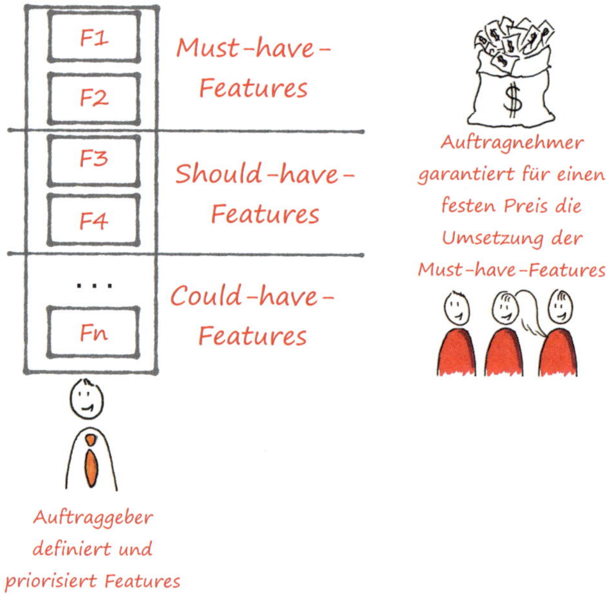

Abb. 5–7 *Garantierter Minimalumfang*

Damit wird für den Anbieter die Sicherheit geschaffen, dass er zu einem vorher definierten Preis ein nutzbares System erhält. Für den Anbieter reduziert sich das Schätzrisiko, das er eingeht. Sein Anreiz, mehr als den Minimalumfang zu liefern, liegt in einer höheren Kundenzufriedenheit und damit größeren Chance einer Folgebeauftragung. Bei Bedarf kann man dem Auftragnehmer einen finanziellen Anreiz bieten für die Realisierung von Should-have- und Could-have-Features.

5.5 Agiler Festpreis

Der agile Festpreis (siehe [Opelt et al. 2014]) kombiniert verschiedene Praktiken zu einem ausgefeilten Vertragswerk. Zunächst wird der Vertragsumfang passend zur Produktvision komplett über sehr grobgranulare Features (Epics) beschrieben. Nur einige wenige ausgewählte Epics werden in User Stories detailliert (siehe Abb. 5–8).

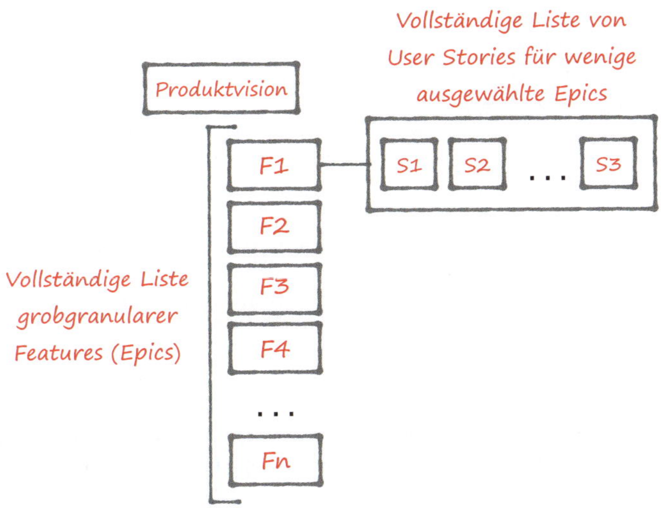

Abb. 5–8 *Vollständig in der Breite, selektiv detailliert in der Tiefe*

Ausgehend von diesen exemplarischen Detaillierungen wird der Gesamtaufwand abgeschätzt. Dazu werden zunächst alle Epics mit den in Kapitel 4 eingeführten Story Points geschätzt. Anschließend werden die beispielhaften User Stories in Personentagen geschätzt. Das kann dadurch erfolgen, dass eine erste Sprint-Planung simuliert wird (siehe [Cohn 2009]). Das Team schätzt zunächst die ausgewählten User Stories mit Story Points. Anschließend zerlegt das Team die ausgewählten User Stories in technische Tasks und schätzt, wie viele der User Stories im Sprint umgesetzt werden können. Das Team weiß, wie viele Personentage es im Sprint investieren würde, und kann darüber eine grobe Beziehung zwischen Story Points und Aufwand in Personentagen herstellen. So kann rückwärts berechnet werden, wie viele Personentage ein Story Point »kostet«. Daraus kann der Gesamtaufwand einfach ausgerechnet werden[3]. Abbildung 5–9 zeigt beispielhaft die Berechnung des Gesamtaufwands. Die einfache Mathematik sollte hier allerdings auch nicht darüber hinweg täuschen, dass es sich immer noch um eine Schätzung handelt, die vermutlich sehr ungenau ist.

3. Dieses Schätzschema findet sich auch in [Roock & Wolf 2006].

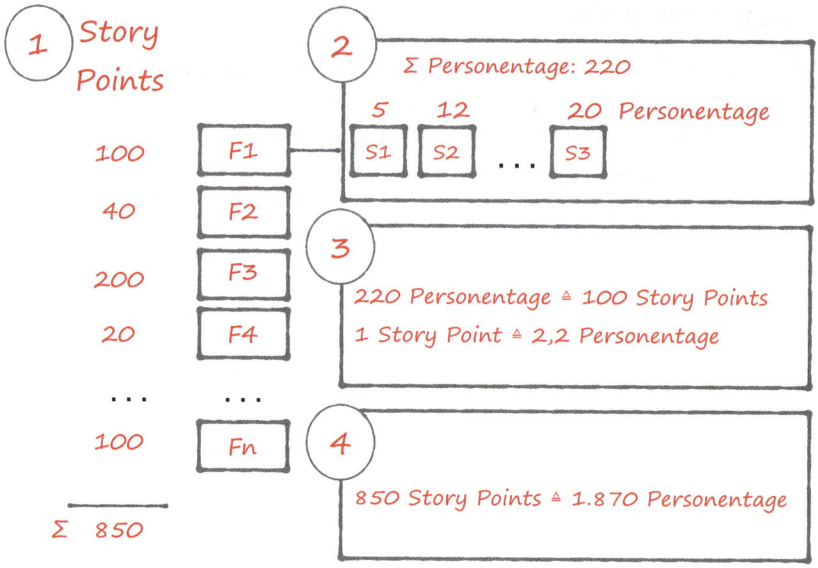

Abb. 5–9 *Berechnung des Gesamtaufwands*

Auf dieser Basis wird eine Art Vorprojekt mit definierter Dauer gestartet, in dem agil gearbeitet wird. In diesem Vorprojekt können Auftraggeber und Auftragnehmer lernen, wie gut die Zusammenarbeit läuft, ob der beschriebene Umfang tatsächlich vollständig ist und ob die Aufwandsschätzung realistisch ist. Wenn sich herausstellt, dass die Zusammenarbeit nicht funktioniert, der Funktionsumfang sehr unvollständig ist oder die Aufwandsschätzung vollkommen falsch ist, kann nach dem Vorprojekt die Zusammenarbeit beendet werden.

Weiterhin wird in dem Vertragsmodell ein Risk-Share vereinbart. Beide Vertragsparteien erkennen an, dass sich nicht alles vorab exakt planen und schätzen lässt. Abweichungen gehen dann zu gemeinsamen Lasten. Man könnte z.B. vereinbaren, dass »vergessene« Features zu 70 % vom Auftraggeber und zu 30% vom Auftragnehmer zu tragen sind und Fehleinschätzungen des Aufwands zu 70 % vom Auftragnehmer und zu 30 % vom Auftraggeber. Dadurch wird ein Anreiz gegeben, zu kooperieren und sich gegenseitig zu unterstützen.

5.6 Money for Nothing, Change for Free

»Money for Nothing, Change for Free« verfolgt einen Ansatz, der parallel an verschiedenen Stellen mit unterschiedlichen Namen entstanden ist[4]. Der von Jeff Sutherland geprägte Name »Money for Nothing, Change for Free« hat sich in der Praxis durchgesetzt (siehe [Sutherland 2008]).

Der Vorlauf vor der Entwicklung läuft wie beim klassischen Festpreis ab. Der Kunde beschreibt den gewünschten Lieferumfang und der Anbieter bietet die Entwicklung zu einem definierten Preis an. Mit Beginn der Entwicklung fungiert der Auftraggeber als Product Owner. Er überführt die Features, die im Vertrag vereinbart wurden, in ein Product Backlog und priorisiert dieses. Der Anbieter entwickelt die wichtigsten Features im ersten Sprint. Das Ergebnis wird dem Auftraggeber regulär im Sprint-Review vorgestellt und es wird Feedback gesammelt. Auf Basis des Feedbacks kann der Auftraggeber in seiner Product-Owner-Rolle neue Features ins Product Backlog aufnehmen. Dafür muss er Features im mindestens gleichen Aufwand aus dem Product Backlog entfernen. Solche Änderungen kann der Auftraggeber jederzeit ohne Mehrkosten vornehmen (*Change for Free*).

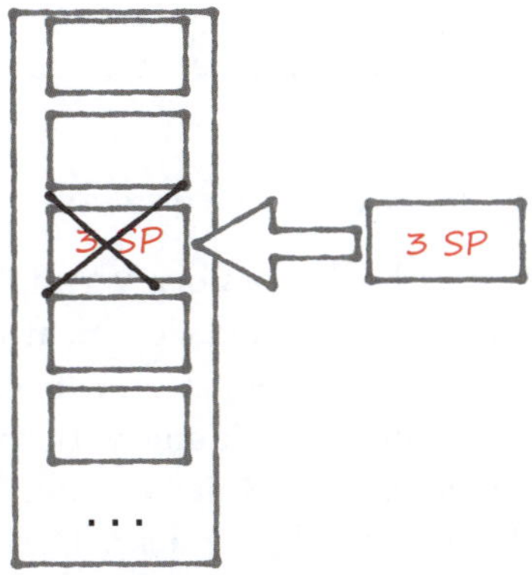

Abb. 5–10 *Change for Free*

Neben dem Austausch von Features thematisiert das Vertragsmodell das vorzeitige Beenden des Projekts. Ein solches vorzeitiges Beenden ist häufig ökonomisch sinnvoll: Es ist an verschiedenen Stellen nachgewiesen worden, dass der Wertbeitrag der einzelnen Features sehr unterschiedlich ist. Johnson [Johnson 2002] fand bei vier untersuchten Systemen heraus, dass nur 7 % der Softwarefunktionen immer und nur 13 % oft benutzt werden (siehe Abb. 1–7 auf S. 21).). Arnold und Yüce berichten in [Arnold & Yüce 2013], dass bei einem Projekt bei Maersk Line die wertvollsten 25 % der Features 90 % der Wertschöpfung ausmachten.

4. Andere übliche Namen sind »Anforderungstausch« oder »Agiler Festpreis«.

Mit Priorisierung nach Geschäftswert folgt der kumulierte Wert der entwickelten Software einer S-Kurve (siehe Abb. 5–11). Zunächst braucht das Team etwas Zeit, um »richtig in Fahrt zu kommen« und eventuell ein paar Basisfunktionalitäten zu entwickeln. Danach steigt der kumulierte Wert steil an. Es werden die wertvollsten Features entwickelt. Danach folgen die Features mit immer weniger Geschäftswert und die Kurve flacht ab. Es wird immer aufwendiger, auch nur eine kleine Wertsteigerung zu erreichen.

Abb. 5–11 *Features haben einen sehr unterschiedlichen Wertbeitrag.*

Die Wahrscheinlichkeit ist hoch, dass der Vertrag Features aus dem sogenannten *Long Tail* enthält, deren Entwicklung sich nicht lohnt. Über die Sprint-Reviews hat der Auftraggeber die Möglichkeit, zu erkennen, dass bereits ein nützliches System vorliegt und eine Weiterentwicklung wirtschaftlich nicht sinnvoll ist. Jetzt kann er in seiner Product-Owner-Rolle von der »Money for Nothing«-Klausel Gebrauch machen: Er beendet das Projekt. Der nicht verbrauchte Betrag wird nach einem vorher vereinbarten Schlüssel zwischen Auftraggeber und Anbieter aufgeteilt (siehe Abb. 5–12). Der Anbieter erhält also Geld, ohne dafür zu arbeiten (Money for Nothing). Der Auftraggeber zahlt weniger Geld dafür, Features nicht zu bekommen, die er ohnehin nicht benutzen würde (Money for Nothing).

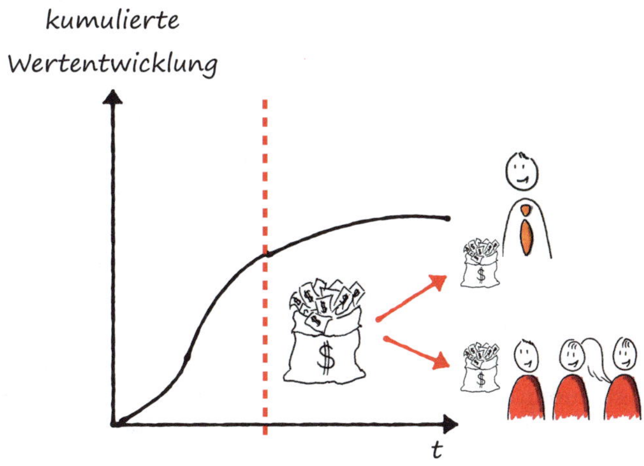

Abb. 5–12 *Money for Nothing*

5.6.1 Erfahrungen

it-agile hat dieses Modell mehrfach in eigenen Entwicklungsprojekten angewendet (insbesondere bei Konzernkunden). Wir haben dabei festgestellt, dass die Kunden von der »Change for Free«-Klausel häufig Gebrauch machten. Es gab dazu auf Fachseite einen definierten Verantwortlichen, der den Anforderungstausch autorisieren durfte. Dokumentiert haben wir die Änderungen in einem elektronischen Ticketsystem, sodass wir im Zweifel hätten nachweisen können, wer wann welche Änderungen veranlasst hat.

Darüber hinaus war es positiv, wenn es ein Mehraufwandsbudget gab, aus dem Features bezahlt werden konnten, die zusätzlich entwickelt werden mussten. In einem Fall betrug dieses Budget 15 % zusätzlich zum Festpreis. Dadurch konnten während des Projekts entdeckte hinzukommende Anforderungen reibungslos integriert werden.

Größere Features, die durch den Anforderungstausch entfielen, wurden mitunter später zusätzlich beauftragt.

Wir haben außerdem festgestellt, dass die Häufigkeit des Anforderungstauschs mit dem Projekterfolg korrelierte. Dort, wo häufig Anforderungen getauscht wurden, entstanden für die Kunden nützliche Systeme, die die gewünschten Ziele erreichten. Dort, wo dieser Mechanismus selten oder gar nicht verwendet wurde, waren die Systeme weniger nützlich. In einem Fall wurde das komplette System sogar faktisch gar nicht genutzt. Wie häufig Anforderungen getauscht wurden, hing unserer Beobachtung nach von der Person ab, die die Product-Owner-Rolle ausfüllte. War diese engagiert beim Projekt dabei und interessierte sie sich für die Bedürfnisse der Mitarbeiter und investierte ausreichend Zeit, wurde sehr schnell klar, welche Features wirklich benötigt wurden. Anforderungen wurden getauscht.

Wo die Product Owner mäßig interessiert waren und wenig Zeit investierten, wurde gar nicht früh sichtbar, dass andere Features notwendig gewesen wären.

Von der »Money for Nothing«-Klausel hat übrigens keiner unserer Kunden jemals Gebrauch gemacht. Wir erklären uns das mit den Budgetierungsverfahren in großen Unternehmen. Wenn eine Fachabteilung ein Budget für die Entwicklung eines neuen Systems bekommt, ist es für die Fachabteilung eine schlechte Idee, das Geld nicht zu verbrauchen. Sie muss nicht nur das nicht verbrauchte Geld zurückgeben. Sie läuft zusätzliche Gefahr, nächstes Jahr weniger Budget zu erhalten (weil ja offensichtlich gar nicht so viel Budget notwendig ist). Die Fachabteilungen haben also keinen Anreiz, die »Money for Nothing«-Klausel zu verwenden.

Stattdessen wurden manchmal Features aus komplett anderen Systemen in das Projekt reingetauscht. Für die Wertschöpfung beim Auftraggeber ist das mit Sicherheit besser, als unnütze Features entwickeln zu lassen, nur weil sie im Lastenheft standen. Vertraglich müssen die Vertragspartner sicherstellen, dass die Verantwortung für die Budgetverschiebung in andere Systeme klar geregelt ist.

5.7 Das Kapitel in Stichpunkten

- Festpreise beschränken den Nutzen agiler Ansätze spürbar.
- Festpreise behindern das Lernen und machen Innovationen unwahrscheinlicher.
- Wenn es ein Festpreis sein muss, bringt die Umsetzung mit agilen Praktiken deutliche Vorteile, um Risiken zu reduzieren.
- Garantierter Maximalpreis und garantierter Minimalumfang ändern den Charakter von Festpreisverträgen nicht grundsätzlich. Sie haben eher den Charakter eines Pflasters, das Festpreise weniger schmerzhaft macht.
- Der agile Festpreis aggregiert eine Reihe nützlicher Praktiken, die gezielt Anreize für eine agile Arbeitsweise bei Auftraggeber und Auftragnehmer setzen.
- »Money for Nothing, Change for Free« ist die agilste Möglichkeit, agil im Festpreis zu arbeiten – nach dem aktuellen Stand der Erkenntnis.
- Die beschriebenen Vertragsformen sind idealisiert und lassen sich kombinieren. Garantierter Maximalpreis zusammen mit »Money for Nothing, Change for Free« ist durchaus denkbar.

6 Time & Material

Die verschiedenen Formen von Time & Material-Verträgen und die Art ihrer Verwendung in agilen Projekten werden wir in diesem Kapitel erörtern. Neben dem klassischen Aufwandsvertrag thematisieren wir »Design to Cost« sowie den Vertrag mit Bezahlung nach Produktivität.

6.1 Aufwandsprojekte: Time & Material

Beim klassischen Aufwandsprojekt (Time & Material) stellt der Auftragnehmer dem Auftraggeber regelmäßig (meist monatlich) die erbrachten Aufwände nach Tagessatz sowie ggf. weitere angefallene Kosten (Spesen, Lizenzgebühren etc.) in Rechnung. Damit fixiert der Vertrag keine der drei klassischen Steuerungsgrößen Funktionsumfang, Zeit und Ressourcen[1] (siehe Abb. 6–1).

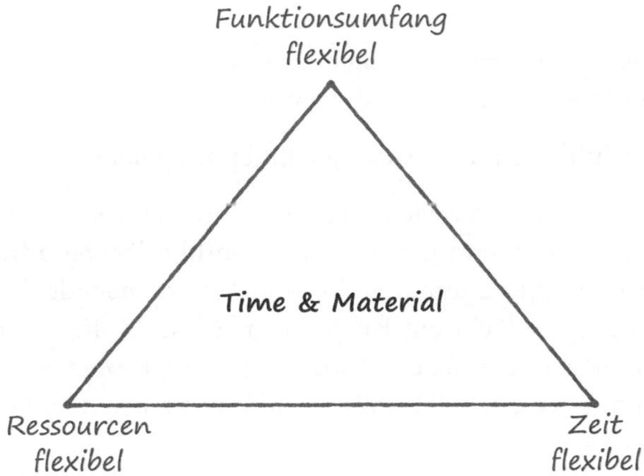

Abb. 6–1 *Time & Material-Vertrag fixiert keine der drei Steuerungsgrößen.*

1. Das bedeutet natürlich nicht, dass auch im Projekt alle drei Größen flexibel sind. Normalerweise sind sie es nicht, und es wird z. B. der Termin fixiert. Es findet lediglich keinen Niederschlag im Vertrag.

Der Auftragnehmer geht kein finanzielles Risiko ein und der Auftraggeber behält die volle Kontrolle über die Ausgestaltung des Systems. Damit lässt sich das Projekt problemlos vollständig nach einem agilen Ansatz wie Scrum durchführen. Der Auftragnehmer stellt das Entwicklungsteam, der Auftraggeber den Product Owner. Die Rolle des Scrum Masters kann vom Auftraggeber oder Auftragnehmer übernommen werden. Arbeitet der Auftraggeber generell agil, wird er häufig den Scrum Master stellen. Ist diese Arbeitsweise für den Auftraggeber eher ungewöhnlich, wird der Auftragnehmer das übernehmen. Und natürlich besteht die Möglichkeit, dass einer der Vertragspartner einen externen Scrum Master hinzuzieht, wenn kein interner Scrum Master verfügbar ist.

6.1.1 Erfahrungen: Mindset

Wenn Auftraggeber und Auftragnehmer den agilen Mindset verinnerlicht haben und sich gegenseitig vertrauen, funktioniert Time & Material reibungslos. Die Vertragsform gewährt maximale Flexibilität, und alle agilen Prinzipien und Techniken können problemlos umgesetzt werden.

Wenn sich Auftraggeber oder Auftragnehmer noch auf dem Weg hin zum agilen Wertesystem befinden, können mit Time & Material durchaus Probleme entstehen.

So haben wir mehrfach Auftraggeber beraten, die mangelnde Agilität bei ihren Auftragnehmern beklagt haben:

- Auftragnehmer berechneten höhere Tagessätze als bisher mit Verweis auf einen angeblichen höheren Overhead bei agiler Entwicklung. (Was natürlich Unsinn ist.)
- Auftragnehmer engagierten sich nicht bei Prozessverbesserungen, weil sie ja nichts davon hätten, wenn sie produktiver arbeiten würden.

Der Auftraggeber fühlt sich dem Auftragnehmer ausgeliefert.

Diese Probleme sollten unserer Meinung nach durch eine stärkere Zusammenarbeit, gemeinsames Lernen und gemeinsame Konfliktklärung adressiert werden. Zusätzlich kann man über alternative Vertragsformen nachdenken. Dabei wäre ein Festpreis aus unserer Sicht ein Rückschritt. Er kann die beschriebenen Probleme beseitigen, bringt aber neue, schwerwiegendere Probleme mit sich. Garantierte Produktivität oder generell nutzenorientierte Verträge sind besser geeignet.

6.1.2 Erfahrungen: Behörden

Häufig wird angenommen, Behörden könnten nur nach Festpreis beauftragen. Das ist nicht richtig. Insbesondere wenn die Behörde eigene Entwickler hat, ist es sehr wohl möglich, das Team mit Leiharbeitern aufzustocken und nach Time & Material vorzugehen.

Viele Behörden greifen auch deshalb zu Festpreiskonstellationen, weil sie entweder keine eigenen Entwickler haben und/oder ihnen die Kompetenz im Projektmanagement fehlt. Daher ist es meist realistischer, ein komplettes Team inklusive Projektmanagement einzukaufen. Dabei gibt es neben dem klassischen Festpreis auch die Möglichkeit, Verträge je Sprint zu gestalten (siehe Kap. 7).

6.2 Design to Cost

Bei »Design to Cost« wird ein Budget vereinbart, in dem gemeinsam ein definiertes Ziel erreicht werden soll. »Design to Cost« fixiert im magischen Dreieck aus Funktionsumfang, Ressourcen und Zeit also die Ressourcen/Kosten (siehe Abb. 6–2). Insbesondere der Funktionsumfang bleibt aber flexibel.

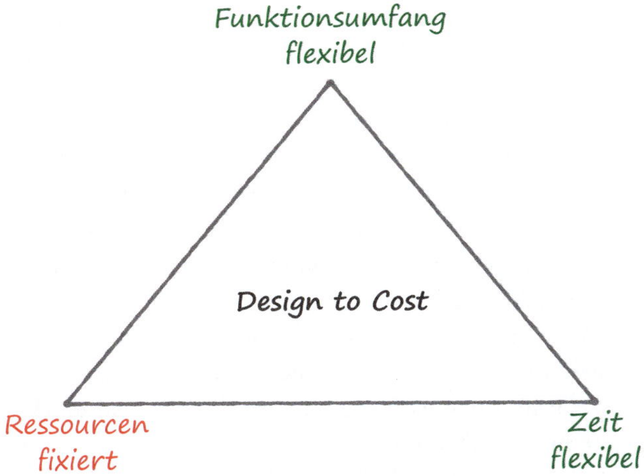

Abb. 6–2 *Steuerungsgrößen in Projekten*

6.2.1 Erfahrung: Entwicklung einer Webanwendung für eine Bank

Wir haben nach diesem Modell eine Webanwendung für eine Privatbank entwickelt. Der Funktionsumfang war in Anlehnung eines existierenden Konkurrenzprodukts grob skizziert und von uns als Dienstleister abgeschätzt. Wir hatten dazu die folgenden Klauseln in der Vereinbarung zur Zusammenarbeit:

»Es soll eine ähnliche Funktionalität wie bei XXX entwickelt werden. Wir gehen davon aus, dass dies im o.g. Budget möglich ist.

Wenn die Entwicklung ausreichend weit abgeschlossen ist, kann der Auftraggeber die Entwicklung jederzeit beenden und zahlt nur die bis dahin entstandenen Aufwände.

Die Abrechnung erfolgt monatlich nach geleisteten Stunden (zu jeweils XXX Euro pro Stunde). Der Auftraggeber zahlt nur die Zeiten, die auch tatsächlich erbracht wurden.

Die Beseitigung von Fehlern (Bugs) in der Software ist als Dienstleistung nach den o.g. Konditionen zu bezahlen.

Der Betrieb und die Wartung des Systems sind mit diesem Angebot nicht abgedeckt. Der Auftraggeber wird sich um den Betrieb des Systems kümmern. Einen Wartungsvertrag für die Weiterentwicklung des Systems wird der Auftragnehmer zusätzlich anbieten.«

6.3 Bezahlung nach Produktivität

Bezahlung nach Produktivität bedeutet, dass der Auftragnehmer eine bestimmte Produktivität zusichert. Damit wird dem Auftragnehmer ein finanzieller Anreiz gegeben, seine Produktivität zu erhöhen. Davon profitieren sowohl der Auftragnehmer wie auch der Auftraggeber. Der Auftragnehmer erhöht seine Marge (er wird schließlich nach gelieferter Funktionalität bezahlt). Der Auftraggeber bekommt seine Software früher.

Der Auftraggeber erhält außerdem die Sicherheit, dass schlechte Qualität nicht zu seinen Lasten geht. Hat die Software intern eine schlechte Qualität, sinkt die Produktivität des Teams schrittweise. Man spricht auch davon, dass eine technische Schuld aufgebaut wurde, die die weitere Entwicklung belastet. Bei einem Time & Material-Vertrag geht diese technische Schuld zulasten des Auftraggebers. Er zahlt die erhöhten Aufwände. Bei Bezahlung nach Produktivität geht die technische Schuld zulasten des Auftragnehmers. Er hat also ein Interesse daran, von Anfang an gute interne Qualität zu liefern.

Und nicht zuletzt liefert das Modell der Bezahlung nach Produktivität eine gute Basis zur Anbieterauswahl.

Bei der Bezahlung nach Produktivität bleiben wie beim klassischen Time & Material-Vertrag die drei Steuerungsgrößen flexibel und werden nicht im Vertrag fixiert. Allerdings wird die Umwandlung von Ressourcen in Funktionalität festgelegt (siehe Abb. 6–3).

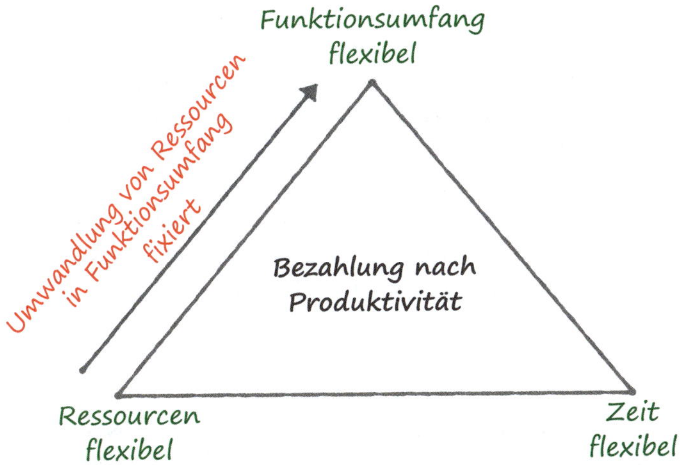

Abb. 6–3 *Bezahlung nach Produktivität fixiert die Umwandlung von Ressourcen in Funktionalität.*

6.3.1 Produktivität bewerten mit Function Points

Ein Knackpunkt bei der Bezahlung nach Produktivität ist die Bewertung der Produktivität. Die in agiler Softwareentwicklung häufig verwendeten Story Points sind dafür vollkommen ungeeignet, weil sie ein rein subjektives Komplexitätsmaß des Teams sind. Functions Points bieten eine bessere Basis.

Function Points

Das Function-Point-Modell wurden bereits 1979 zur Komplexitätsmessung von Software vorgeschlagen (siehe [Albrecht 1979]). Die Grundidee besteht daran, die Komplexität von Software über ein abstraktes Punktmaß – Function Points – zu bewerten. Im Gegensatz zu Story Points basieren Function Points allerdings nicht auf einer Bauch-Schätzung, sondern werden gezählt. Wie das geschieht, ist sogar in ISO-Standards definiert.[a]

Für die Function-Point-Bewertung werden aus Anwendersicht sogenannte Elementarprozesse identifiziert. Ein Elementarprozess ist die kleinste Aktivität, die das System nach ihrer Ausführung in einem konsistenten Zustand hinterlässt. Die Elementarprozesse werden dann abhängig von den Datenelementen bewertet. Je mehr Daten vom Elementarprozess verwendet oder verändert werden, desto größer ist die Gewichtung des Prozesses.

Die so ermittelten Punktwerte der Elementarprozesse werden addiert, und man hat die Summe der Function Points für die betrachtete Funktionalität.

Ähnlich wie bei Story Points misst man vergangene Entwicklungen, um die durchschnittliche Produktivität des Teams zu ermitteln, und könnte auf dieser Basis prognostizieren, wie lange es dauert und wie teuer es wird, eine bestimmte Funktionalität zu implementieren.

a. *https://de.wikipedia.org/wiki/Function-Point-Verfahren.*

Bei der Bezahlung nach Produktivität auf Basis von Function Points würde ein Anbieter versprechen, für den Vertragszeitraum eine bestimmte Menge an Function Points zu einem definierten Preis und in einer definierten Zeit zu liefern. Zum Beispiel: Für die nächsten zwei Jahre berechnen wir 800 Euro pro Function Point und sichern zu, mindestens 500 Function Points pro 2-Wochen-Sprint zu liefern.

Nach [Kemerer 1990] kann man davon ausgehen, dass der Aufwand für die Function-Point-Bewertung deutlich unter 1 % des Entwicklungsaufwands liegt. Es entsteht dadurch also kein nennenswerter Mehraufwand.

6.3.2 Erfahrung

Einer unserer Kunden arbeitet seit einigen Jahren mit agilen Ansätzen wie Scrum. Für die Entwicklung werden häufig Dienstleister beauftragt. In dieser Konstellation stellt der Auftraggeber den Product Owner und der Dienstleister das Entwicklungsteam und den Scrum Master. Man ist beidseitig an langfristigen Beziehungen interessiert, sodass das Entwicklungsteam häufig von Projekt zu Projekt stabil bleibt.

Schlechte Erfahrungen mit Festpreis und Time & Material

Der Kunde hat sowohl mit Festpreisverträgen wie auch mit Time & Material-Verträgen experimentiert. Aus Auftraggebersicht hatten beide Modelle relevante Nachteile, sodass schließlich ein erster Schritt in Richtung der garantierten Produktivität gegangen wurde.

Bei der Arbeit nach dem Time & Material-Modell waren viele Sprints nicht erfolgreich. Sie mussten aber trotzdem voll bezahlt werden. Dadurch entstanden Unzufriedenheiten auf Auftraggeberseite inklusive des Gefühls, dass sich der Dienstleister nicht mitverantwortlich für die Probleme fühlte. Die Situation auf Auftraggeberseite wurde dadurch erschwert, dass die Projektverantwortlichen gegenüber der Fachseite argumentieren mussten, warum die Ergebnisse regelmäßig hinter den Erwartungen zurückblieben.

Danach hat der Kunde es mit Festpreisverträgen versucht. Diese waren aber der Dynamik der Anforderungen nicht angemessen und haben gar nicht funktioniert.

Sprints bestellen

Beim aktuell verwendeten Modell schätzt der Auftraggeber grob den Umfang des Projekts und bestellt beim Dienstleister eine bestimmte Menge an Sprints – in der Regel 6 Sprints (= ein Quartal). Bei der Bestellung gibt der Auftraggeber die Roadmap und einen Ausschnitt des Product Backlog mit, sodass der Dienstleister eine Vorstellung hat, was entwickelt werden soll und wie das Team zusammengesetzt sein muss. Der Dienstleister verpflichtet sich mit der Bestellung, das Team für die bestellte Menge an Sprints zur Verfügung zu stellen. Er verpflichtet sich aber auf keinen konkreten Lieferumfang.

Referenz-Velocity

Das Projekt beginnt dann wie in Scrum üblich mit einer Sprint-Planung und dem ersten Sprint. Nach dem ersten Sprint setzen sich Auftraggeber und Dienstleister zusammen, bewerten den ersten Sprint und legen auf Basis des Sprints eine *Referenz-Velocity* fest. Diese Referenz-Velocity wird benutzt, um die zu erwartenden Story Points für die bestellten Sprints auszurechnen. Dabei wird mit einer klaren *Definition of Done* gearbeitet, die z. B. fordert, dass es keine bekannten Bugs gibt.

So könnte das Entwicklungsteam im ersten Sprint z. B. 15 Story Points geliefert haben. In der gemeinsamen Bewertung des Sprints kommt man vielleicht zu der Einschätzung, dass das Team hätte schneller sein können und dass die relevanten Hindernisse beseitigt wurden. Auf dieser Basis könnten sich Auftraggeber und Dienstleister darauf einigen, 17 Story Points pro Sprint als Referenz-Velocity zu verwenden. Es wurden 6 Sprints bestellt, von denen noch 5 übrig sind. In den verbleibenden Sprints wären also 85 Story Points zu erwarten, für alle 6 Sprints 100 Story Points.

Delivery Factor und Risk Share

Am Ende der bestellten Sprints wird die Menge der tatsächlichen Story Points mit der erwarteten Menge verglichen. Es wird ein *Delivery Factor* berechnet (gelieferte Story Points / erwartete Story Points). Hat der Dienstleister weniger als die erwarteten Story Points geliefert (Delivery Factor kleiner als 100 %), wird ein *Risk-Share-Modell* angewendet. Die Vertragsparteien gehen davon aus, dass sie beide einen Anteil an dieser »Minderleistung« haben, und teilen sich die »Kosten« zu gleichen Teilen.

Nehmen wir an, die Kosten für die 6 Sprints lägen bei 400.000 Euro und in den 6 beauftragten Sprints wären 100 Story Points zu erwarten gewesen. Tatsächlich sind nur 90 Story Points geliefert worden. Der Delivery Factor liegt also bei 90 %. Der Dienstleister erhält also 90 % der 400.000 Euro direkt bezahlt (also 360.000 Euro). Die verbliebenen 40.000 Euro teilen sich Auftraggeber und Dienstleister, sodass der Dienstleister über den Risk Share noch einmal 20.000 Euro erhält.

Tatsächlich findet diese Rechnerei nach jedem Sprint statt, weil nach jedem Sprint bezahlt wird.

Mit dem Risk-Share-Konzept werden Schuldzuweisungen vermieden. Unabhängig davon, wo das Problem konkret liegen mag, leiden beide Vertragspartner, wenn die Produktivität hinter den Erwartungen zurückbleibt. Es gibt also ein gemeinsames Interesse, Probleme zu beseitigen.

Dabei schafft der Risk Share trotzdem eine finanzielle Grundversorgung für den Dienstleister. Selbst wenn der Dienstleister nach dem ersten Sprint gar keine Features mehr liefern könnte, würde er immerhin die Hälfte der erwarteten Einnahmen haben.

Kein Improvement Share

Es wäre nur natürlich, neben dem Risk Share auch einen *Improvement Share* zu vereinbaren: Liefert der Dienstleister mehr Story Points als zu erwarten gewesen wären, würde dieser erreichte Vorteil zwischen Auftraggeber und Dienstleister geteilt. Der Auftraggeber würde dann einen Bonus zahlen. In dem konkreten Fall wurde bisher kein Improvement Share vereinbart, weil dieser in den verwendeten Einkaufsprozessen nicht abbildbar war.

Sprint Evaluation Meetings und Vertrauen

Das ganze Verfahren wird von wöchentlichen *Sprint Evaluation Meetings* zwischen Auftraggeber und Dienstleister begleitet, die vertraglich festgeschrieben sind. An diesen Meetings nehmen die Projektverantwortlichen beider Seiten teil. In den Meetings wird kontinuierlich bewertet, wie die Entwicklung verläuft. Auf Basis der aktuellen Erkenntnisse kann die Referenz-Velocity auch angepasst werden.

Nach Projektabschluss findet noch einmal ein gemeinsames Meeting zur Reflektion statt. Bei diesem kann der Risk Share ggf. pragmatisch angepasst werden.

Insgesamt basiert das ganze Modell auf der Annahme, dass gegenseitiges Vertrauen existiert oder im Projektverlauf aufgebaut werden kann. So gibt es z.B. keine harten Vorgaben zur Referenz-Velocity. Wie stark sich bestimmte Probleme im Sprint in der Anpassung der Referenz-Velocity auswirken, bleibt der Verhandlung zwischen Auftraggeber und Dienstleister überlassen.

Geändertes Verhalten

Der Auftraggeber beobachtete, dass das gewählte Modell deutliche Verhaltensänderungen im Vergleich zu Time & Material und Festpreis mit sich bringt. So sind in einem Projekt die ersten Sprints nicht so gut gelaufen, wie erhofft, und es war für den Dienstleister absehbar, dass er mit geringerem Profit aus dem Projekt gehen würde, als erwartet. Das hatte durchaus unerwünschte Effekte zur Folge – z.B. längere Diskussionen darüber, ob ein vom Auftraggeber benannter Mangel wirklich ein Bug ist. Auf der anderen Seite gab es aber auch positive Effekte zu beobachten. So entwickelte sich ein gemeinsames Verständnis über Erfolg und Misserfolg, und Probleme bekamen beim Dienstleister eine größere Aufmerksamkeit.

6.4 Das Kapitel in Stichpunkten

- Time & Material lässt maximale Freiheit und bietet damit eine gute Basis für agile Projekte.
- Für den Auftragnehmer bietet Time & Material wenig Anreiz, sich zu verbessern.
- Bezahlung nach Produktivität liefert dem Auftragnehmer einen Anreiz zur Verbesserung und generiert für den Auftraggeber außerdem Sicherheit, dass das System auch in Zukunft zu akzeptablen Kosten weiterentwickelt werden kann.

7 Bezahlung pro Sprint

Dieses Kapitel diskutiert Vertragsformen, bei denen pro Sprint bezahlt wird. Beim Festpreis pro Sprint werden die Probleme, die klassischerweise mit Festpreisen einhergehen, deutlich dadurch abgemildert, dass die Menge der beauftragten Features sehr klein ist. Bei »Pay what you get« entscheidet der Kunde, das Produktinkrement nur bei Gefallen zu nehmen.

7.1 Festpreis je Sprint

Beim Festpreis pro Sprint wird das Projekt als Abfolge vieler kleiner Festpreisprojekte durchgeführt. Das Ergebnis der Sprint-Planung ist ein jeweils eigener Festpreisvertrag. Im Sprint-Review erfolgt die Abnahme. Damit sind im Dreieck aus den Steuerungsgrößen Funktionsumfang, Zeit und Ressourcen alle drei Punkte flexibel. Je Sprint wird aus dem großen Dreieck für das Projekt ein kleines Dreieck für den Sprint herausgelöst, bei dem alle drei Punkte fixiert sind (Abb. 7–1).

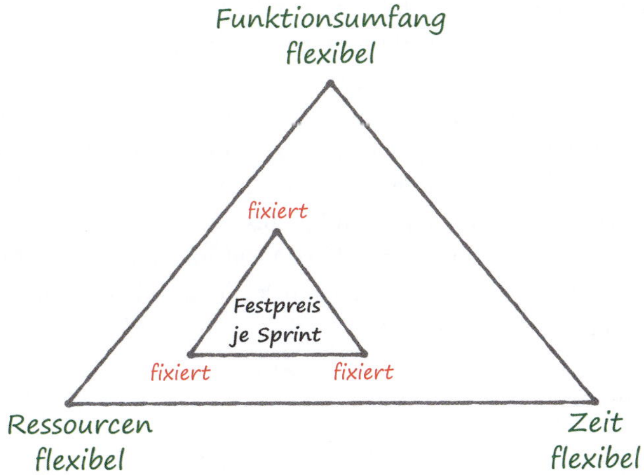

Abb. 7–1 *Festpreis pro Sprint: fixiert im Kleinen, flexibel im Großen*

Damit erhält der Auftraggeber Sicherheit für einen Sprint, was er für sein Geld bekommt. Außerdem ist der Auftragnehmer gewährleistungspflichtig. Gleichzeitig kann flexibel auf neue oder geänderte Anforderungen reagiert werden.

Im Unterschied zum Festpreis für das ganze Projekt garantiert der Auftragnehmer dem Auftraggeber allerdings nicht die Lieferung des kompletten Systems zu einem festen Preis. Der Auftraggeber kann jedoch mit den agilen Mechanismen zur Geschwindigkeitsmessung nach wenigen Sprints eine belastbare Prognose für die Gesamtkosten erstellen.

7.1.1 Erfahrung: Behörden

André Schnackenburg (heute Statistikamt Nord) hat zusammen mit dem Beschaffungsamt des Bundesministeriums des Innern ein Modell zum Vertrag je Sprint für Behörden ausgearbeitet. Dieses Modell wurde auch in der Praxis erprobt.

Zuerst wurde ein Rahmenvertrag geschlossen, in dem ein Maximalbudget festgelegt war. Der Auftraggeber (die Behörde) ist in dem Rahmenvertrag gegenüber dem Dienstleister aber keine Abnahmeverpflichtung eingegangen.

Innerhalb des Rahmenvertrags konnten sehr leichtgewichtig Einzelverträge pro Sprint geschlossen werden. Dazu wurden vorher vereinbarte elektronische Formblätter verwendet, die digital ausgetauscht wurden. Die Formblätter bestanden neben einem normierten Text nur aus den für den Sprint ausgewählten Product Backlog Items und wurden digital signiert ausgetauscht. André Schnackenburg dazu: »Das war so leichtgewichtig, das hätte man im Grunde täglich machen können.« Das Sprint-Ergebnis war jeweils ein eigenes Gewerk.

Zusätzlich zu den klassischen Scrum-Rollen wurde eine Mittler-Rolle beim Auftraggeber etabliert, die sich im engen Austausch mit dem Scrum Master auf Dienstleisterseite befand und auch bei den Daily Scrums dabei war. »Vertrauen ist hier sehr wichtig, und der Mittler muss Scrum verstanden haben«, bestätigt Schnackenburg.

»Wir als Auftraggeber haben den Product Owner gestellt. Prinzipiell ist auch denkbar, dass Mittler und Product Owner zu einer Rolle verschmelzen. In unserem Projekt waren die notwendigen Kompetenzen – Fachexpertise und Scrum-Kenntnisse – nicht in einer Person vorhanden.«

Nach Schnackenburgs Erfahrung haben die kleinen Verträge die Steuerbarkeit des Projekts deutlich verbessert. Man konnte viel schneller erkennen und gegensteuern, wenn etwas schieflief.

Vergabeverfahren

Dem beschriebenen Verfahren fehlt noch ein Puzzleteil, damit es mit den behördlichen Vergabeverfahren harmoniert. Es ist durch das Verfahren schließlich nicht sichergestellt, dass man einen gut geeigneten Anbieter ausgewählt hat. Für die Anbieterauswahl ziehen Behörden Eignungs- und Leistungskriterien heran. Über die Eignungskriterien wird bewertet, ob der Anbieter generell für eine Zusammenarbeit infrage kommt. Hier werden Umsatz, Zertifikate etc. in die Betrachtung einbezogen. Unter mehreren Dienstleistern, die die Eignungskriterien erfüllen, wird anhand der Leistungskriterien entschieden, welcher den Zuschlag erhält. Bei einem klassischen Festpreis zählt der Preis für den ausgeschriebenen Funktionsumfang zu den Leistungskriterien.

Im beschriebenen Rahmenvertragsverfahren wurde ein Mini-Vorprojekt mit den Dienstleistern durchgeführt, die die Eignungskriterien erfüllten. Den Dienstleistern wurde der Aufwand für dieses Vorprojekt nach Aufwand vergütet. Die Ergebnisse aus dem Vorprojekt wurden von einer externen Firma bewertet.

Herausforderung: Kompetenz beim Auftraggeber

Die größte Herausforderung dieses Verfahrens in der Behördenwelt sieht er in den Kompetenzen, die auf Behördenseite notwendig sind. Kompetenzen in Softwareentwicklung mit Scrum sind nach wie vor Mangelware. Eine zentrale Kompetenzstelle, wie sie in Hamburg zurzeit in Form des Projektwissenscenters aufgebaut wird, könnte solche Kompetenzen den Behörden zur Verfügung stellen.

7.2 Pay what you get

Bei »Pay what you get« vereinbaren Auftraggeber und Auftragnehmer gemeinsam den Inhalt des nächsten Sprints. Im Sprint-Review demonstriert der Auftragnehmer das Produktinkrement und nennt die Entwicklungskosten. Der Auftraggeber bewertet den ROI (Return on Investment) des Produktinkrements. Wenn der ROI für ihn positiv ist, kauft er das Inkrement. Hat er weitere Ideen für die Verbesserung des Produkts, wird gemeinsam der nächste Sprint geplant. Bewertet der Auftraggeber den ROI irgendwann negativ, kauft er das Produktinkrement nicht, und das Projekt ist beendet.

Dieses Modell basiert auf der Entwicklung des kumulierten Wertes des Produkts bei agiler Vorgehensweise (siehe Abb. 7–2). Wenn der Sprint-ROI negativ war und nach Geschäftswert priorisiert wurde, hat man den Long Tail der wenig werthaltigen Feature-Ideen erreicht, die man gar nicht entwickeln sollte.

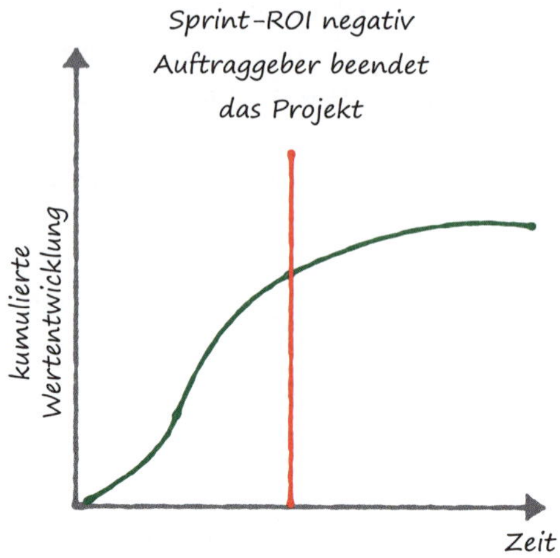

Abb. 7–2 *Auftraggeber beendet Projekt, wenn der Wert optimiert wurde.*

»Pay what you get« erlaubt dem Auftraggeber einen risikoarmen Einstieg in die agile Softwareentwicklung. Er muss nicht die Katze im Sack kaufen, sondern kauft die Katze erst, wenn sie aus dem Sack heraus ist. Der Auftragnehmer bezahlt diesen Einstieg, indem er jeweils einen Sprint in Vorleistung geht, der potenziell nicht bezahlt wird.

Darüber hinaus hat das Modell einen interessanten Seiteneffekt auf die Kooperation zwischen Auftraggeber und Auftragnehmer. Der Auftragnehmer hat einen Anreiz, möglichst wertvolle Produktinkremente zu erstellen. Er wird sich also auch dafür interessieren, worin der Wert der Features liegt, die entwickelt werden. Idealerweise unterstützt er den Auftraggeber bereits dabei, die Kundenbedürfnisse zu verstehen und praktikable Lösungen mit einem guten ROI dafür zu finden.

»Pay what you get« lässt im Dreieck aus Funktionsumfang, Zeit und Ressourcen alle drei Aspekte flexibel (siehe Abb. 7–3).

Abb. 7–3 *»Pay what you get« gewährt maximale Flexibilität.*

7.2.1 Erfahrungen

Ein Limousinen- und Shuttle-Service wünschte sich eine Unterstützung für die Disposition von Fahrten. Kollegen von it-agile hatten den Shuttle-Service bereits in Anspruch genommen und so wurden sie gefragt, ob it-agile die Software entwickeln könne. Bei den Vorgesprächen stellte sich heraus, dass das Budget begrenzt war und der Auftraggeber aufgrund früherer Erfahrungen Angst davor hatte, für sein Budget nichts Nützliches zu bekommen. Er präferierte daher Festpreis vor Time & Material.

Mit Festpreisen hatten wir wiederum schlechte Erfahrungen gemacht. Wir hätten natürlich das entwickeln können, was im Festpreis bestellt wurde. Uns war aber klar, dass das vermutlich nicht das Wertvollste sein würde, was wir liefern könnten. Also suchten wir nach einem Modell, das die Ängste des Auftraggebers adressierte und sicherstellte, dass wir wirklich wertvolle Software entwickeln. So entstand das »Pay what you get«-Modell.

Der Auftraggeber war zunächst irritiert. Er hatte nie zuvor von so einem Modell gehört. Nachdem wir ihm das Modell erklärt hatten, schien es ihm attraktiv und er ließ sich darauf ein. Wir starteten das Projekt und fanden mit ihm zusammen jeweils heraus, welches seine wichtigsten Probleme waren, welche Features diese Probleme lösen konnten und wie diese Features zu priorisieren seien – wobei der Auftraggeber die letzte Priorisierungsentscheidung fällte. Wir entwickelten dann im Sprint das Produktinkrement und stellten dies dem Auftraggeber im Sprint-Review vor. Wir teilten ihm dort außerdem mit, wie teuer das Inkrement wäre. Er entschied nach Bauchgefühl, ob das Produktinkrement ausreichend wertvoll wäre. Das war nach jedem Sprint der Fall. So entwickelten wir die Software, bis das Budget erschöpft war, und lieferten eine nützliche Software.

Später kam der Auftraggeber erneut auf uns zu. Er fand die Software so wertvoll, dass er weiteres Budget besorgt hatte, um sie noch wertvoller zu gestalten. Also entwickelten wir die Software nach demselben Modell weiter.

Interessanterweise spürte der Auftraggeber in dem Projekt eine moralische Verpflichtung, uns keinen Sprint mit negativem ROI entwickeln zu lassen. So beendete er die Entwicklung mit einem positiven Sprint-ROI und plante einfach keinen weiteren Sprint, der keinen positiven ROI mehr haben würde.

7.3 Das Kapitel in Stichpunkten

- Mehrere kleine Festpreise anstatt eines großen schafft Flexibilität.
- Festpreis je Sprint passt sehr gut zu agiler Entwicklung.
- Wenn der Kunde Sprint-Ergebnisse nur bei Gefallen kauft (Pay what you get) reduziert das die Hürde für den Auftraggeber. Das Verfahren geht mit einem moderaten Risiko für die Auftragnehmer einher.

8 Nutzenorientierte Verträge

Vertragsformen, bei denen nicht die Kosten für die Entwicklung im Vordergrund stehen, sondern der erzeugte Nutzen, sind Inhalt dieses Kapitels. Wir beginnen mit dem Vertrag nach Proviant und Prämie, der sowohl kostenorientierte als auch nutzenorientierte Anteile erhält. »Proviant & Prämie« kann ein nützlicher Zwischenschritt sein, um von kostenorientierten zu nutzenorientierten Verträgen zu kommen. Anschließend betrachten wir »Profit-Sharing« und »Pay per Use« als zwei mögliche nutzenorientierte Vertragsformen.

8.1 Perspektivwechsel zu nutzenorientierten Verträgen

In der Softwareentwicklung ist es leider noch sehr unüblich, den Nutzen in den Fokus der Betrachtung zu stellen. Das zeigt sich auch im bereits mehrfach bemühten Dreieck aus Funktionsumfang, Ressourcen und Zeit. Der Nutzen wird als mögliche Steuerungsgröße von Projekten gar nicht thematisiert. Entsprechend ist es auch nicht weiter verwunderlich, dass alle drei Variablen bei nutzenorientierten Verträgen flexibel sind (siehe Abb. 8–1).

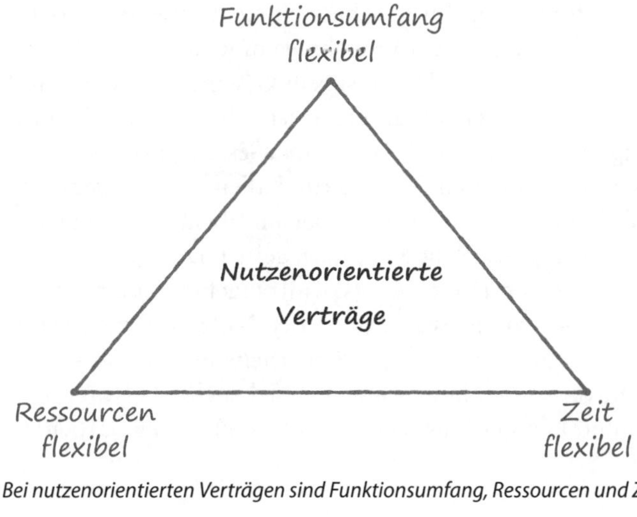

Abb. 8–1 *Bei nutzenorientierten Verträgen sind Funktionsumfang, Ressourcen und Zeit flexibel.*

Dabei geht es zuerst um den Nutzen. Tom DeMarco unterscheidet in [DeMarco 2009] zwei unterschiedliche Projekttypen:

Bei Projekttyp A investieren wir 1 Mio. Euro, um einen Nutzen in Höhe von 1,1 Mio. Euro zu erzeugen. Bei diesen Projekten müssen wir die Kosten sehr genau im Blick behalten. Wir müssen kontinuierlich messen, wie viel Geld ausgegeben wurde und wie viel vermutlich noch ausgegeben werden muss.

Bei Projekttyp B investieren wir 1 Mio. Euro, um einen Nutzen in Höhe von 50 Mio. Euro zu erzeugen. Hier müssen wir offensichtlich viel weniger Wert auf Kostenkontrolle legen. Wenn das Projekt 2 Mio. Euro kostet, ist das Geld immer noch gut investiert.

Tom DeMarco stellt dem Leser dann die Frage, warum man überhaupt Projekte vom Projekttyp A durchführt.

Softwareentwicklung sollte immer vom Projekttyp B sein. Die inhärent mit Softwareentwicklung einhergehenden Unsicherheiten machen Projekte vom Typ A zu einem Glücksspiel. Projekte vom Typ B erlauben mehr Flexibilität. Sie benötigen aber einen Fokus auf den Nutzen. Ansonsten laufen wir Gefahr, vor lauter Kostenkontrolle den Nutzen aus dem Blick zu verlieren und am Ende nur einen Bruchteil des möglichen Nutzens zu erzeugen.

Diese neue Fokussierung auf den Nutzen kann durch nutzenorientierte Verträge gut unterstützt werden.

8.2 Proviant & Prämie

Proviant & Prämie hat sowohl kostenorientierte als auch nutzenorientierte Anteile. Der Auftraggeber zahlt einen niedrigen Tagessatz nach Aufwand, der die Kosten des Auftragnehmers deckt, aber keinen Gewinn abwirft. Der Auftragnehmer bekommt quasi den Proviant, den er zum Überleben braucht. Wenn ein vereinbartes Ziel erreicht wurde, erhält der Auftragnehmer eine Prämie.

Diese Vertragsform sorgt für gleichgerichtete Interessen zwischen Auftraggeber und Auftragnehmer. Der Auftragnehmer möchte das Ziel möglichst schnell mit wenig Aufwand erreichen. Dann ist sein Gewinn am höchsten. Der Auftraggeber hat ebenfalls ein Interesse an einer schnellen Zielerreichung. So zahlt er möglichst wenig Proviant und reduziert seine Gesamtkosten.

Der Knackpunkt bei diesem Vertrag (und allen nutzenorientierten Verträgen) ist der Nutzen. Es muss beim Auftraggeber und beim Auftragnehmer ein klares Verständnis über den zu erzielenden Nutzen geben. Der Auftragnehmer muss sich außerdem so weit in die Domäne des Auftraggebers einarbeiten, dass er eine grobe Idee hat, wie schwierig es sein wird, den Nutzen zu generieren. Proviant & Prämie liefert dem Auftragnehmer ein Sicherheitsnetz. Wenn sich im Projektverlauf herausstellt, dass der Nutzen nur mit viel mehr Aufwand erreicht werden kann, als vermutet, kann er immerhin noch kostendeckend arbeiten.

8.2.1 Mit Impact Maps Klarheit über den Nutzen schaffen

Impact Maps (siehe [Adzic 2012]) sind ein nützliches Instrument, um Klarheit über den Nutzen sowie den generellen Weg dahin zu erhalten. Impact Maps beginnen mit dem Ziel, das erreicht werden soll. Dieses Ziel sollte den SMART-Kriterien genügen (siehe [Doran 1981]):

- Specific/Spezifisch (Das Ziel muss so spezifisch sein, dass wenig Interpretationsspielraum darüber existiert, was das Ziel genau ist.)
- Measurable/Messbar (Es muss messbar sein, ob das Ziel erreicht wurde.)
- Accepted/Akzeptiert (Das Ziel muss von den Empfängern akzeptiert sein.)
- Realistic/Realistisch (Das Ziel muss erreichbar sein.)
- Time Bound/Terminiert (Es muss klar sein, bis wann das Ziel erreicht werden soll.)

Das Ziel könnte z.B. lauten:

> »20 % mehr Umsätze über den Internetshop bis zum Jahresende.«

Ausgehend vom Ziel wird gesammelt, wer dazu sein Verhalten auf welche Art ändern muss. Die Verhaltensänderung kann Kunden, Anwender, Partner, Mitarbeiter im eigenen Unternehmen etc. betreffen. Für diese Akteure definiert man, welches geänderte Verhalten notwendig ist, um das Ziel zu erreichen (siehe Abb. 8–2). Für das oben genannte Ziel könnte das Ergebnis folgendermaßen aussehen:

- Die Kunden kaufen mehr Artikel im Shop.
- Die Kunden kaufen teurere Artikel im Shop.
- Mehr Kunden kaufen im Shop.

Abb. 8–2 *Akteure müssen ihr Verhalten ändern (Impact), damit das Ziel erreicht wird.*

Zuletzt überlegt man sich, was getan werden muss, um eine Verhaltensänderung (den Impact) zu erzielen. Hier kommen in der Regel (aber nicht immer) grobe Features ins Spiel. Wir erhalten damit das Schema aus Abbildung 8–3.

Abb. 8–3 *Bestandteile einer Impact Map*

In unserem Beispiel könnte sich das folgende Bild als Ergebnis eines Brainstormings ergeben:

- Die Kunden kaufen mehr Artikel im Shop.
  - Usability verbessern
  - Preise senken
  - Rabattaktion
- Die Kunden kaufen teurere Artikel im Shop.
  - Preise erhöhen
  - Auf Webseite hochpreisige Artikel hervorheben
- Mehr Kunden kaufen im Shop.
  - Auffindbarkeit im Web verbessern (SEO-Optimierung)
  - Ad-Words-Kampagne
  - Prämien für »Kunden werben Kunden«

Anschließend muss der Impact klarer gefasst werden. Wie viel mehr Artikel müssen die Kunden kaufen? Wie viele teurere Artikel müssen verkauft werden? Wie viele neue Kunden müssen im Shop kaufen?

Eine solche Impact Map erstellen Auftraggeber und Auftragnehmer gemeinsam. Bei nutzenorientierten Verträgen werden die Features kein Vertragsbestandteil. Man ist offen dafür, dass man im Projekt herausfindet, dass sich der Impact bzw. das Ziel mit anderen Features besser erreichen lässt.

Bei nutzenorientierten Verträgen kann man das Ziel oder den bzw. die Impact(s) zum Vertragsgegenstand machen. In unserem Beispiel könnten Auftraggeber und Auftragnehmer einen Vertrag über die Zielerreichung (20% mehr Umsatz im Internetshop) schließen. Sie könnten den Vertrag aber auch über einen oder mehrere Impacts schließen, z.B. über die Neukundengewinnung. Wer bisher wenig Erfahrungen mit nutzenorientierten Verträgen hat, wird vermutlich erst einmal Verträge über einen Impact abschließen, um sich langsam an die neue Denkweise zu gewöhnen.

8.2.2 Erfahrung: kritischer Termin

Wir haben einen Vertrag nach Proviant & Prämie für ein Projekt konzipiert, das eine kritische Deadline hatte. Nur einmal im Jahr (am 1. Mai) wurde das System nicht unbedingt gebraucht, und daher musste die Systemeinführung am 1. Mai erfolgen. Würde dieser Termin nicht eingehalten werden, müsste man ein Jahr warten. Entsprechend wurde für die Systemeinführung zum 1. Mai eine erhebliche Prämie ausgelobt. Diese Konstellation hat nur die Andeutung einer Nutzenorientierung. Es wäre viel wirkungsvoller gewesen, uns als Auftragnehmer nicht die Prämie für die Systemeinführung zu zahlen, sondern für einen generierten Nutzen (z.B. weniger Fehlbenutzungen des Systems). Wir hatten zwar einen Anreiz, das System zu dem geplanten Termin fertigzustellen. Der Vertrag hat uns als Dienstleister aber keinen Anreiz dafür gegeben, ein möglichst nützliches System zu entwickeln. Dennoch wäre der Vertrag ein Fortschritt in die richtige Richtung gewesen.[1]

8.2.3 Erfahrung: Behörde

Interessanterweise ist Proviant & Prämie eine Vertragsform, die in Behörden möglich ist und auch schon angewendet wurde, wie mir André Schnackenburg (Statistikamt Nord) berichtet: »Das Vergaberecht erlaubt per se sehr viel, so auch Vertragsformen wie Proviant & Prämie. Der Gestaltungsspielraum erscheint aber in der Behördenpraxis durch Handlungsempfehlungen eingeschränkt (z.B. Unterlage für Ausschreibung und Bewertung von IT-Leistungen, UfAB). Diese Empfehlungen sind zwar nicht bindend, schaffen aber Sicherheit für die behördlichen Beschaffer. Daher wird davon nur in Ausnahmefällen abgewichen. Das gilt insbesondere für Behörden, die selten ausschreiben. Denen fehlt einfach die Erfahrung, und daher kann man es ihnen kaum verübeln, dass sie sich eng an die existierenden Leitlinien halten.«

8.3 Profit-Sharing

»Profit Sharing« bedeutet, dass der Anbieter an dem Nutzen partizipiert, den die Software generiert. Sollen durch die Software beispielsweise Sachbearbeitungskosten eingespart werden, könnte der Anbieter drei Jahre lang 20% der eingesparten Kosten als Bezahlung bekommen. Während der Entwicklung erhält der Anbieter keine Zahlungen.

Damit hat der Anbieter einen Anreiz, sich dafür zu interessieren, wie dieser Nutzen am besten generiert werden kann. Je schneller und je besser der Nutzen erreicht wird, desto größer der Umsatz.

Für den Auftraggeber sinkt das Projektrisiko. Der ROI (Return on Investment) eines Profit-Sharing-Projekts kann für ihn kaum negativ werden. Auch hier ist weder eine detaillierte Feature-Liste noch eine genaue Kostenabschätzung für den Vertrag notwendig.

8.3.1 Erfahrungen

Einer unserer Kunden bietet als Agentur seinen Kunden die Einführung und Anpassung von CMS[2]- und Shopsysteme für das Internet an. Dabei setzt die Agentur auf Profit-Sharing-Verträge, bei denen sich ihre Bezahlung nach

1. Letztlich wurde das Projekt dann aber doch nicht durchgeführt. Die Gründe dafür entziehen sich unserer Kenntnis.
2. Content Management System.

bestimmten erzielten Effekten richtet. Beispielsweise kann für jede tausend Euro Umsatzsteigerung im Internetshop ein Betrag an die Agentur gezahlt werden.

Das Vertragsmodell funktioniert hier sehr gut, weil sich die Agentur auf ein klares Marktsegment spezialisiert hat und dadurch ein sehr gutes Verständnis davon hat, wie ihre Arbeit Wert bei ihren Kunden schafft. Auf Basis dieses Wissens lassen sich passende Profit-Sharing-Verträge leicht erstellen: Auftraggeber und Dienstleister können schnell zu einem gemeinsamen Verständnis darüber kommen, welcher Effekt wie wertvoll für den Auftraggeber ist und was finanziell für den Dienstleister attraktiv ist.

8.4 Pay per Use

»Pay per Use« ist eine Spezialform von Profit-Sharing-Verträgen. Die Bezahlung wird hier nicht direkt an den erzeugten Nutzen gehängt, sondern an die Nutzungshäufigkeit bestimmter Funktionen. Soll beispielsweise eine Software zur Angebotserstellung entwickelt werden, könnte der Anbieter für jedes erstellte Angebot einen bestimmten Betrag erhalten. Damit hat der Anbieter einen Anreiz, die Funktionen zur Angebotserstellung so wertvoll und einfach benutzbar zu gestalten, dass sie möglichst häufig verwendet werden (und die Anwender nicht einfach zu Word greifen). Nutzen die Anwender die Funktion sehr häufig, ist die Funktion für sie offenbar wertvoll. Es entsteht also eine Win-win-Situation. Kent Beck und Cynthia Andres weisen bereits in [Beck & Andres 2004] darauf hin, dass diese Vertragsform besonders gut mit agiler Entwicklung harmoniert.

»Pay per Use« wird häufig mit Hosting durch den Anbieter kombiniert. Dann ist es kein besonders großer Schritt mehr dazu, die Software so zu erweitern und zu generalisieren, dass sie auch für andere Kunden nützlich wird. Dadurch entsteht erneut die Chance auf eine Win-win-Situation. Der Anbieter erschließt zusätzliche Einnahmequellen bei nur marginal höheren Kosten. Damit kann er nicht nur seine Margen erhöhen, sondern den Kunden auch günstigere Preise anbieten.

Dieses Modell passt gut zur Idee des *Software as a Service* (SaaS), das Wikipedia wie folgt definiert:

»Software as a Service (SaaS) ist ein Teilbereich des Cloud Computing. Das SaaS-Modell basiert auf dem Grundsatz, dass die Software und die IT-Infrastruktur bei einem externen IT-Dienstleister betrieben und vom Kunden als Dienstleistung genutzt werden. [...] Für die Nutzung und den Betrieb zahlt der Servicenehmer eine nutzungsabhängige Gebühr. Durch das SaaS-Modell werden dem Servicenehmer die Anschaffungs- und Betriebskosten teilweise erspart. [...]«.

Dabei entspricht nicht jedes SaaS-Modell dem »Pay per Use«-Zahlmodell. Es gibt auch SaaS-Abo-Angebote, bei denen der Kunde eine monatliche Gebühr pro Benutzer zahlt.

8.5 Das Kapitel in Stichpunkten

- Bei nutzenorientierten Verträgen richtet sich die Bezahlung nach dem erzeugten Nutzen.
- Der damit verbundene Perspektivwechsel von den Kosten zum Nutzen passt gut zur agilen Denkweise.
- Proviant & Prämie ist ein Hybridmodell mit kostenorientierten und nutzenorientierten Anteilen. Dieses Vertragsmodell kann daher ein nützlicher Zwischenschritt von rein kostenorientierten Verträgen hin zu nutzenorientierten Verträgen sein.
- Profit-Sharing-Verträge lassen den Auftragnehmer am generierten Nutzen partizipieren. Er hat damit ein Interesse, sich in der Konzeption einzubringen und den Nutzen zu maximieren.
- »Pay per Use« ist ein spezieller Profit-Sharing-Vertrag, bei dem der Auftraggeber je Benutzung eine Gebühr erhält.
- Eine Herausforderung bei nutzenorientierten Verträgen ist die Vereinbarung über den angestrebten Nutzen. Impact Maps sind ein nützliches Instrument, um zwischen Auftraggeber und Auftragnehmer ein gemeinsames Verständnis über den angestrebten Nutzen und den generellen Weg dorthin zu erzielen.

9 Zusammenfassung und Ausblick

9.1 Kategorisierung der Vertragsformen

Wir haben in diesem Buch eine große Menge möglicher Vertragsformen beschrieben, die man entlang von zwei Achsen kategorisieren kann (siehe Abb. 9–1).

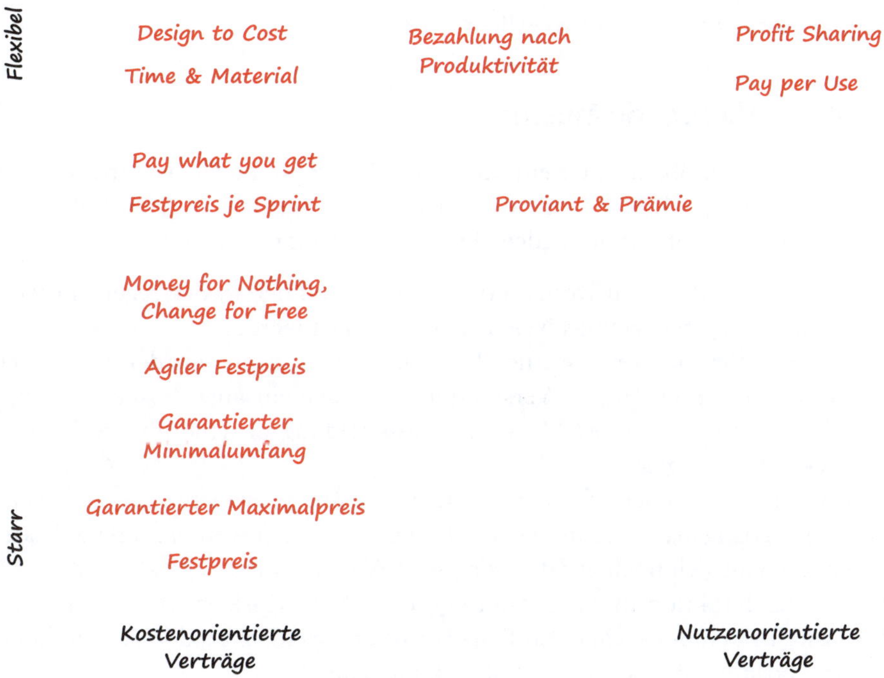

Abb. 9–1 *Kategorisierung der Vertragsformen*

Vertragsformen unterscheiden sich hinsichtlich ihrer Flexibilität bezogen auf den Funktionsumfang der entwickelten Software (y-Achse in der Abbildung). Der klassische Festpreis ist z.B. sehr starr; Änderungen am vereinbarten Funktionsumfang sind nur mit großem Aufwand möglich. Vertragsformen wie Time & Material oder Design to Cost sind hingegen sehr flexibel. Ein vorab skizzierter Funktionsumfang kann mit wenig Aufwand geändert werden, um die Software wertvoller zu gestalten.

Neben der Flexibilität ist die Unterscheidung in kostenorientierte und nutzenorientierte Vertragsformen relevant (x-Achse in der Abbildung). Klassische Vertragsformen sind kostenorientiert: Der Fokus liegt auf den Kosten, die dem Auftraggeber entstehen. Agile Vorgehensweisen versuchen allerdings, den Nutzen der Software zu optimieren. Daher passen nutzenorientierte Verträge, die insbesondere die Bezahlung an dem geschaffenen Nutzen ausrichten, besser zu agiler Entwicklung als kostenorientierte Verträge.

Nach wie vor herrschen in der Praxis der Softwareentwicklung kostenorientierte Verträge vor. Wir hoffen, dieses Buch hat dazu angeregt, diese gängige Praxis zu hinterfragen und nutzenorientierte Verträge als mögliche Option bei der Vertragsgestaltung in Betracht zu ziehen.

9.2 Wiederkehrende Muster

Wir haben in diesem Buch eine Reihe konkreter Vertragsmodelle beschrieben und ihre Eignung für agile Entwicklung diskutiert. Dabei wurde eine Reihe von Mustern erkennbar, die gut mit der agilen Denkweise harmonieren:

- Der Vertrag sollte einen Kooperationsprozess definieren, der regelt, in welchen regelmäßigen Meetings welche Dinge geklärt werden.
- Außerdem sollte der Vertrag einen Konflikteskalationsprozess definieren, der zunächst auf gegenseitiges Verständnis und gemeinsame Lösungsfindung abzielt und nur als letztes Mittel die Entscheidung an eine höhere Instanz (z.B. Gericht) delegiert.
- Eine Produktvision schafft Klarheit über das übergeordnete Ziel und kann von den Vertragspartnern immer wieder herangezogen werden, um zu diskutieren, ob man sich noch auf dem richtigen Weg befindet.
- Ein grober Funktionsumfang kann gerne im Vertrag skizziert werden. Das Festschreiben eines detaillierten Funktionsumfangs macht jedoch einen guten Teil der positiven Effekte agiler Entwicklung zunichte.
- Ein kleines Vorprojekt ist gut geeignet, um sich gegenseitig kennenzulernen (Auftraggeber kann z.B. Eignung des Dienstleisters auf Basis des Vorprojekts bewerten) und eine gemeinsame Idee für die eigentliche Entwicklung zu schaffen.

- Es ist nie auszuschließen, dass sich im Projekt herausstellt, dass das Projekt nicht fortgeführt werden sollte (z.B. weil das Ziel doch nicht erreichbar erscheint oder das Ziel obsolet geworden ist). Dafür sollten Ausstiegspunkte im Vertrag vereinbart werden.
- Agile Entwicklung ist kooperative Entwicklung – auch zwischen Auftraggeber und Dienstleister. Wenn Probleme auftreten, können sie selten eindeutig einem der Vertragspartner angelastet werden. Risk-Sharing bildet diesen Umstand ab und nimmt bei Problemen beide Vertragspartner in die Pflicht.
- Symmetrisch dazu passt Profit-Sharing ins Bild. Wenn eine besonders gute Leistung entstanden ist, resultiert diese aus der Kooperation von Auftraggeber und Dienstleister. Entsprechend sollten auch beide davon profitieren.

9.3 Ausblick

Die Softwareindustrie steht bezüglich der Vertragsgestaltung noch sehr am Anfang. Meistens spielen sich Diskussionen um die Vertragsgestaltung nach wie vor nur zwischen Festpreis und Time & Material ab. Wir hoffen, mit diesem Buch einen Beitrag geliefert zu haben, um die Diskussion mit weiteren Optionen zu bereichern: Das eine beste Vertragsmodell für agile Entwicklung existiert nicht. Jedes der vorgestellten Vertragsmodelle bringt seine Probleme mit sich. Das bedeutet, Auftraggeber und Dienstleister müssen das passende Modell für den jeweiligen Kontext finden. Häufig wird man einzelne Elemente der verschiedenen Vertragsmodelle mischen oder ganz neue Modelle »erfinden«.

Möglicherweise braucht man sogar für jedes Projekt ein eigenes Vertragsmodell, um den spezifischen Projekteigenschaften gerecht zu werden. Dann müssten Juristen sehr früh und intensiv in die Auftragsanbahnung integriert werden. Vertragsmodelle wären dann das Ergebnis von Workshops zwischen Auftraggeber und Dienstleister unter Begleitung eines Juristen.

Anhang

Literatur

[Adzic 2012] Adzic, G.: *Impact Mapping: Making a Big Impact with Software Products and Projects.* Provoking Thoughts, 2012.

[Agile Manifesto 2001] *Agile Manifesto*, 2001, *http://agilemanifesto.org.* Deutsche Übersetzung verfügbar unter: *http://agilemanifesto.org/iso/de/manifesto.html.*

[Albrecht 1979] Albrecht, A. J.: *Measuring Application Development Productivity.* Proceedings of the Joint SHARE, GUIDE, and IBM Application Development Symposium, Monterey, California, October 14–17, IBM Corporation, 1979, S. 83–92.

[Anderson 2010] Anderson, D. J.: *Kanban.* Blue Hole Press, 2010. Deutsche Übersetzung: *Kanban: Evolutionäres Change Management für IT-Organisationen.* dpunkt.verlag, 2011.

[Arnold & Yüce 2013] Arnold, J. A.; Yüce, Ö.: *Black Swan Farming using Cost of Delay.* Agile Conference, 2013, *http://blackswanfarming.com/experience-report-maersk-line.*

[Auer-Reinsdorff 2010] Auer-Reinsdorff, A.: *Feststellung der versprochenen Leistung beim Einsatz agiler Projektmethoden – Agile Werte vs. vertragliche Vereinbarung abnahmefähiger Leistungsziele.* ITRB, 2010, S. 93–95.

[Beck 2000] Beck, K.: *Extreme Programming Explained – Embrace Change.* Addison-Wesley, 2000.

[Beck & Andres 2004] Beck, K.; Andres, C.: *Extreme Programming Explained: Embrace Change.* 2. Aufl., Addison-Wesley, 2004.

[Beck & Cleal 1999] Beck, K.; Cleal, D.: *Optional Scope Contracts.* 1999, *http://www.syntropy.co.uk/papers/optionalscope.pdf.*

[Beedle et al. 1999] Beedle, M.; Devos, M.; Sharon, Y.; Schwaber, K.; Sutherland, J.: *SCRUM: An extension pattern language for hyperproductive software development.* Proceedings of Pattern Languages of Programs, 1999.

[Boehm 1981] Boehm, B.: *Software Engineering Economics.* Prentice Hall, 1981.

[Burrows 2015] Burrows, M.: *Kanban – Verstehen, einführen und anwenden.* dpunkt.verlag, 2015.

[Cockburn 2004] Cockburn, A.: Crystal Clear: *A Human-Powered Methodology for Small Teams.* Addison-Wesley Longman, 2004.

[Cohn 2005] Cohn, M.: *Agile Estimating and Planning.* Prentice Hall, 2005.

[Cohn 2009] Cohn, M.: *Succeeding with Agile: Software Development Using Scrum.* Addison-Wesley, 2009.

[Cohn 2010] Cohn, M.: *Succeeding with Agile: Software Development Using Scrum.* Addison-Wesley, 2nd print, 2010.
Deutsche Übersetzung: *Agile Softwareentwicklung: Mit Scrum zum Erfolg!* Addison-Wesley Verlag, 2010.

[DeMarco 2009] DeMarco, T.: *Software Engineering: An Idea Whose Time Has Come And Gone?* IEEE Software Magazine, Vol. 26, Juli/August 2009, S. 95 f.

[Denne & Cleland-Huang 2003] Denne, M.; Cleland-Huang, J.: *Software by Numbers: Low-Risk, High-Return Development.* Prentice Hall, 2003.

[Denning 2010] Denning, S.: *The leader's guide to radical management – reinventing the workplace for the 21st century.* John Wiley & Sons, 2010.

[Doran 1981] Doran, G. T.: *There's a S.M.A.R.T. way to write management's goals and objectives.* Management Review, 70. Jg., Nr. 11, 1981, S. 35–36.

[Fuchs et al. 2012] Fuchs, A.; Meierhöfer, C.; Morsbach, J.; Pahlow, L.: *Agile Programmierung – Neue Herausforderungen für das Softwarevertragsrecht? Unterschiede zu den klassischen Softwareentwicklungsprojekten.* MMR, 2012, S. 427–433.

[Gothelf 2012] Gothelf, J.: *Lean UX: Applying Lean Principles to Improve User Experience.* O'Reilly & Associates, 2012.

[Hoeren 2007] Hoeren, T.: *IT-Vertragsrecht.* Otto Schmidt, 2007.

[Humble & Farley 2010] Humble, J.; Farley, D.: *Continuous Delivery: Reliable Software Releases Through Build, Test, and Deployment Automation.* Addison-Wesley, 2010.

[James 2006] James, M.: *Scrum Is Hard and Disruptiv.* Blogpost, 2006, *http://blogs.collab.net/agile/scrum-is-hard-and-disruptive.*

[Johnson 2002] Johnson, J.: *ROI. It's Your Job.* Keynote auf der dritten internationalen XP Conference, Alghero, Italien, 2002.

[Kemerer 1990] Kemerer, C. F.: *Reliability of Function Point Measurements.* Center for Informations Systems Research, MIT, Oktober 1990.

[Koch 2003] Koch, F.: *Handbuch Software- und Datenbank-Recht.* Springer-Verlag, 2003.

[**Koch 2010**] Koch, F.: *Agile Softwareentwicklung – Dokumentation, Qualitätssicherung und Kundenmitwirkung*. ITRB, 2010, S. 114-119.

[**Kremer 2010**] Kremer, S.: *Gestaltung von Verträgen für die agile Softwareerstellung*. ITRB, 2010, S. 283–289.

[**Lapp 2010**] Lapp, T.: *Interaktion und Kooperation bei IT-Projekten – Regelung der Mitwirkung bei modernen Projektmethoden*. ITRB, 2010, S. 69–71.

[**Larman & Vodde 2015**] Larman, G.; Vodde, B.: *Large-Scale Scrum: More with LeSS*. Addison-Wesley, 2015.
Deutsche Übersetzung: *Large-Scale Scrum – Scrum erfolgreich skalieren mit LeSS*. dpunkt.verlag, 2017.

[**Little 1961**] Little, J. D. C.: *A Proof for the Queuing Formula: L = λW*. Operations Research 9 (1961), 3, S. 383–387.

[**Marly 2009**] Marly, J.: *Praxishandbuch Softwarerecht: Rechtsschutz und Vertragsgestaltung*. 5. Aufl., C. H. Beck, 2009.

[**Maurya 2012**] Maurya, A.: *Running Lean: Iterate from Plan A to a Plan That Works*. O'Reilly & Associates, 2012.

[**Müller 2016**] Müller, M.: *Vertragsgestaltung bei Agilen Softwareentwicklungsverträgen*. HMD – Praxis der Wirtschaftsinformatik, April 2016, Vol. 53, Issue 2, S. 213–223.

[**Ohno 1988**] Ohno, T.: *The Toyota Production System*. Productivity Press, 1988.

[**Opelt et al. 2014**] Opelt, A.; Gloger, B.; Pfarl, W.; Mittermayr, R.: *Der agile Festpreis: Leitfaden für wirklich erfolgreiche IT-Projekt-Verträge*. 2. Aufl., Carl Hanser Verlag, 2014.

[**Palandt 2015**] Palandt, O.: *Bürgerliches Gesetzbuch*. 74. Aufl., C. H. Beck, 2015.

[**Palmer & Felsing 2002**] Palmer, S. R.; Felsing, M.: *A Practical Guide to Feature-Driven Development*. Prentice Hall, 2002.

[**Pichler & Roock 2011**] Pichler, R.; Roock, S. (Hrsg.): *Agile Entwicklungspraktiken mit Scrum*. dpunkt.verlag, 2011.

[**Pink 2011**] Pink, D.: *Drive – The Surprising Truth About What Motivates Us*. Canongate Books, 2011.
Deutsche Übersetzung: *Drive – Was Sie wirklich motiviert*. Ecowin Verlag, 2010.

[**Poensgen 2012**] Poensgen, B.: *Function-Point-Analyse*. 2. Aufl., dpunkt.verlag, 2012.

[**Polo et al. 2003**] Polo, M.; Piattini, M.; Ruiz, F.: A *Methodology for Software Maintenance*. In: Universidad de Castilla (ed.): *Advances in Software Maintenance Management. Technologies and Solutions*. Idea Group Publishing, LaMancha 2003, ISBN 1-59140-047-3, Kapitel 9, S. 228–229.

[**Reinertsen 2009**] Reinertsen, D. G.: *The Principles of Product Development Flow: Second Generation Lean Product Development*. Celeritas Publishing, 2009.

[Ries 2011] Ries, E.: *The Lean Startup: How Constant Innovation Creates Radically Successful Businesses*. Portfolio Penguin, 2011.
Deutsche Übersetzung: *Lean Startup: Schnell, risikolos und erfolgreich Unternehmen gründen*. Redline Verlag, 2014.

[Roock & Wolf 2006] Roock, S.; Wolf, H.: *Agile Project Controlling and Effort Estimation*. In: Liu, L.; Roussev, B.: *Management of the Object-Oriented Development Process*. Idea Group Publishing, 2006, S. 313–324.

[Roock & Wolf 2015] Roock, S.; Wolf, H.: *Scrum – verstehen und erfolgreich einsetzen*. dpunkt.verlag, 2015.

[Sawyer 2008] Sawyer, K.: Group Genius: *The Create Power of Collaboration*. Basic Books, 2008.

[Schneider 2010] Schneider, J.: *»Neue« IT-Projektmethoden und »altes« Vertragsrecht – Herausforderungen für die Gestaltung von Erstellungs- und Anpassungsverträgen*. ITRB, 2010, S. 18-23.

[Schwaber 1997] Schwaber, K.: *SCRUM Development Process*. OOPSLA Business Object Design and Implementation, 1997.

[Schwaber & Beedle 2002] Schwaber, K.; Beedle, M.: *Agile Software Development with Scrum*. Pearson Education International, 2002.

[Schwaber & Sutherland 2012] Schwaber, K.; Sutherland, J.: *Software in 30 days*. John Wiley & Sons, 2012.
Deutsche Übersetzung: *Software in 30 Tagen*. dpunkt.verlag, 2013.

[Schwaber & Sutherland 2013] Schwaber, K.; Sutherland, J.: *The Scrum Guide. The Definitive Guide to Scrum: The Rules of the Game*. Juli 2013, *http://www.scrumguides.org/scrum-guide.html*.
Deutsche Übersetzung verfügbar unter:
http://www.scrumguides.org/docs/scrumguide/v2016/2016-Scrum-Guide-German.pdf.

[Söbbing 2014] Söbbing, T.: *Agile Projekte in der IT-rechtlichen Praxis*. ITRB, 2014, S. 214–219.

[Stacey 1996] Stacey, R. D.: *Strategic management and organisational dynamics: the challenge of complexity*. 2. Aufl., Prentice Hall, 1996.

[Sutherland 2008] Sutherland, J.: *Agile Contracts: Money for Nothing and Change for Free*. Agile Conference, 2008, *http://jeffsutherland.com/Agile2008MoneyforNothing.pdf*.

[Witte 2010] Witte, A.: *Agiles Programmieren und § 651 BGB*. ITRB, 2010, S. 44–47.

[Wolff 2016] Wolff, E.: *Continuous Delivery: Der pragmatische Einstieg*. 2. Aufl., dpunkt.verlag, 2016.

Index

W

Z